功·力·剑

——太极十三剑和它的历史故事

任炳义 主编

人民体育出版社

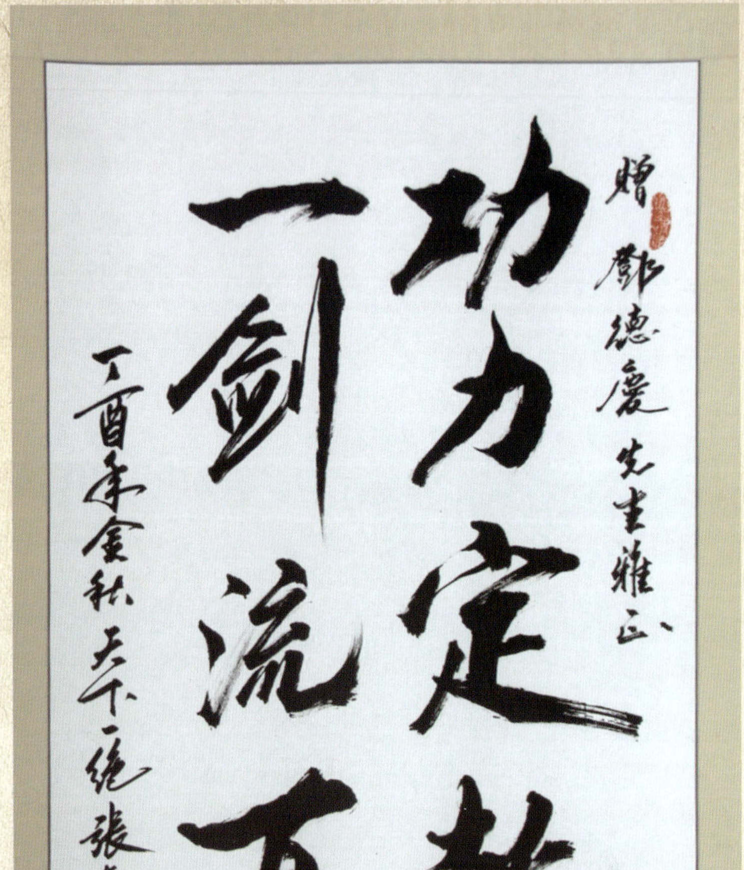

书法家张克思先生为本书题词

功力门一代宗师

——“霸州李”李茂春 (1875—1939)

李茂春叩首弟子

——邓根立 (1889—1977)

李茂春叩首弟子

——王子章 (1911—1981)

李茂春长女李文贞(1925—2014)

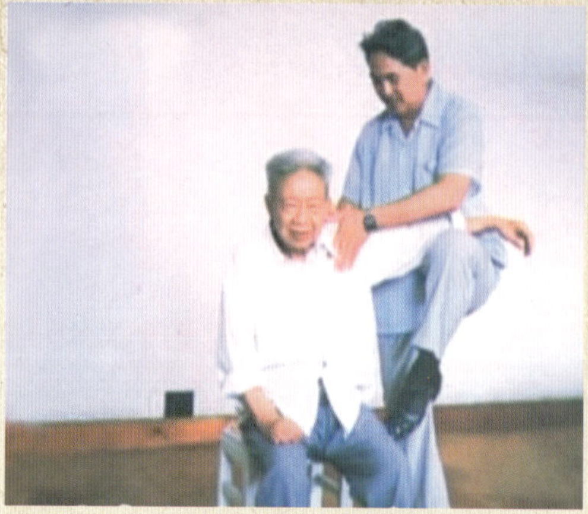

李文贞弟子王增来指导中央首长锻炼身体

前排左起：刘幼贞、阚桂香、门惠丰、张山、昌沧、李文贞、徐才、徐才夫人

任炳义（左）、刘幼贞（右）与
李文贞先生（中）合影

功力门第五代传人邓德庆（左）、邓晖（右）
与李文贞先生（中）合影

大连南山武术研究会于20世纪20年代初由王茂田、李茂春二位大师创建，是东北乃至全国少有的武术研究组织，具有较大影响

在大连南山拳坊旧址合影
后排右起：李文兰、邓根立、杨春山、邓福财
前排右起：刘幼贞、李文贞、姜云

66岁时的李文贞剑照

中国武术界的五朵金花
左起：李文贞、王侠林、吴英华、孙剑云、王菊荣

李文贞剑姿

编委会

序 一

南山拳坊是大连市成立较早的一家拳坊，在大连众多民间拳坊中地位比较突出，为我市乃至全国培养了大批武术人才。随着社会的不断变革，大部分民间拳坊逐渐从公众视野中消失，而南山拳坊人却始终守着先辈留下的遗产，并成立了研究小组。虽然他们大都年逾古稀，但仍然矢志不渝，充满习武情怀，尽其所能地将前辈留下的武术遗产加以研究，整理出《功·力·剑——太极十三剑和它的历史故事》一书。我有缘先睹为快，并受托序言。

该书以一代宗师李文贞、王子章等老师演练的太极十三剑和他们的自身经历为史料，描述了太极十三剑的演变过程，并从中国传统文化的老庄哲学、儒学、传统美学等方面，对功力门武术进行深刻的剖析，系统地总结技术特点，使其上升到理性高度。从武术的传神引伸到神的哲学意义，从前辈的演练风采引伸到中国传统美学，从武术修炼上升到修心，把太极十三剑从形式分类到握法、劲道、功用、名称含义上进行了研究和分解，系统而完整地表现了武术开合不失法度、动静皆出自然、观之颇为享受之精髓。从老一辈的习武过程中，看到他们精武尚德的高贵品格，给后人留下了不可多得的宝贵精神财富。

我自小习武，从事武术工作几十年，深感功夫天地之广，远非比划几式就可致知。我从该书中看到，在功力剑术领域其见解和实用确有独到之处。

习武者多注重强身健体，付诸文字的不多，全面理解、深入探讨、出书立传更不多，该书的出版可以说是理论与实践的佳作。更难能可贵的是它集合了多位武术名家几十年的心血，是实实在在的心得，是一步一个脚印的体会，我感到十分欣慰。同时也希望有更多的武林同仁投身到发掘整理武术历史文献工作中，多出这样一些有学术性、科学性、可读性的书籍，使我们大连一百多年的武术发展史更加完整和充实，让中华武术文化大放异彩。

本书对于广大武术习练者、研究者来说，是一部上佳的参考书籍，值得一读。但愿有缘读到此书者，多有所得。

大连市武术协会主席

赵锡金

2017 年 1 月 1 日

序　二

邓德庆教授对我说，20 世纪 50 年代王子章、李文贞二位大师演练并著作的《太极十三剑》在全国武术界产生了极大的影响。一甲子后，大连南山武术研究小组重新挖掘整理，并由功力门第四代传人任炳义主编的《功·力·剑——太极十三剑和它的历史故事》即将出版。吾阅后，以为是将太极十三剑的“理、功、剑”三位一体，从一个全新的视角做了独辟蹊径的精析和诠释，别有新意。我为此点赞。

一是解疑。霸州李传下“太极十三剑”，民国时说好，王子章获过大奖；新中国时也说好，李文贞又获过大奖，并得贺龙元帅、周总理和毛主席赞许。但社会上也有些好奇和疑问，即不是通常所看到的轻柔、含蓄、连绵不断的太极剑。这次出书，这些好奇与疑问写清楚了：是李茂春大师与太极大师恒寿山以武会友，互为敬仰，彼此换艺得来的。霸州李取其精、变其形，把太极门的十三剑保留其精华部分，又糅进了功力门的基本功，研创为功力门独具风格的剑法，仍叫“太极十三剑”。说明霸州李武学深远，德厚艺精，不讳来源，不愧为一代宗师风范。如今改称“功力门太极十三剑”是时候了。

二是弘扬。功力门至今已有百多年历史了，像是一首朗朗上口的古诗。先师们虽然早已淡出江湖，但至今江湖仍然有他们的传说。“功力门太极十三剑”，已传承六至七代，代代倍有英才出。该书的出版，不仅为弘扬功力门武术文化做贡献，更是传承中华武术的优秀文化遗产。

三是存宝。书中有许多先师们的习武照，不仅记录了武功套路，更承载了历史的信息。这套影姿，看一眼都是享受，是珍宝啊。盼《功·力·剑——太极十三剑和它的历史故事》一书早日问世。

大连市武术协会名誉主席

辽宁省武术协会顾问

阎子奇

前　言

功力门武术原创于清末，是在义和团于山东、直隶地区活动遗留下来的拳种基础上发展起来的，其风格类似于少林武术，尤为强调功力的强大和劲力的整合。功力门武术鲜明地提出“力由功出，无功不力”理念，突出了功与力在该门派中的核心地位和它们的内在联系。而太极十三剑是功力门诸多拳术、剑术中的一套剑术。

功力门武术中的飞虎拳、六家势、小花刀、太极十三剑等套路，经李文贞的演练，在武术界和社会上产生了极大影响。本书是笔者根据老师的言传身教和自身历经几十年的锻炼与教学体验，对功力门武术及其剑术的理念、技术特点进行了系统的研究、分析和总结。书中以口述历史的文体介绍了功力门武术的传承故事，从中可以看到老一辈武术家的思想品格、武术观念、精湛武功、练功方法和艰辛付出。本书介绍的功力门太极十三剑，就是李文贞生前演练的太极十三剑。

早在 20 世纪初，王子章在山东省济南国术考试中以太极十三剑捧得银盾奖，受到当时山东省主席韩复榘赏识。1953 年李文贞参加在天津举行的全国民族形式表演大会，上报的项目名称是“太极十三剑二路”。在以后的历次全国比赛中都以“太极十三剑”名称参赛，成绩优异，誉满武坛。1957 年在周恩来总理亲自关怀和提议下，王子章、李文贞合写了《太极十三剑》一书。此书出版后，在社会上引起武术爱好者的极大兴趣，功力门武术向后人传承也广泛教授这套剑术，《太极十三剑》已经在武术界和社会上确立了它的形象。

人们看到，李文贞演练的太极十三剑，其特点动迅静定、姿势舒展、形端劲遒、多为定势，不是通常人们所看到的轻柔含蓄、连绵不断的太极剑。于是社会上引起广泛的好奇和疑问：太极十三剑名称冠以“太极”，样子却不像太极而像长拳，究竟应以怎样的风格演练这套剑术？直到现在，网友们提得最多的也是这个问题。武术圈内的专家们当然看出它的风格不是太极门，而是长拳类风格。同与李文贞在中南海为毛泽东主席表演的王树田教授说它“只是叫太极十三剑”，言外之意就是个名称而已，不必细究。

历史上确实有太极门的太极十三剑。那是民国初年由太极名家恒泰（恒寿山）与李茂春切磋武艺、相互交流时传给李茂春的。太极十三剑是杨氏太极剑的一套剑术。该套剑术共有八路，王子章、李文贞合写的《太极十三剑》是第二路。第一路剑法最全，第二路重在功架。三路以后的几套有左手拿剑的、双手拿剑的、两手交替拿剑的。剑器也不尽相同：第六路的剑器前半段是剑，后半段是刀等。可惜，李茂春去世太早，李文贞是李茂春的长女，年仅十六岁就担当起赡养全家的重担，靠卖艺养活母亲、一个妹妹、两个弟弟，无暇顾及，这些套路没能留到现在，失传了。

当年李茂春想到青少年的培养问题，欲使十三剑这个套路能适合青少年练，于是在原太极剑的阴阳原理、剑法和总体构架基础上，按功力门技术风格和基本功加以改造，形成了今天的太极十三剑。李茂春的太极十三剑实际上是糅进了原太极剑部分精华的功力门的一个剑术套路。

为了名符其实，又不丢其来源和历史沿革，李文贞本人也说过，要另写一本《太极十三剑》并更改名称。2009年刘幼贞、任炳义专程去天津看望李文贞时商定，将此套剑术更名为“功力门太极十三剑”。

促使写本书的原因还有以下几点：

原《太极十三剑》一书中有38幅照片方向反了，与实际动作不符。另外，限于当时条件，书中照片不甚清楚，文字说明简约，给照书自学的武术爱好者造成困难，另写一本太极十三剑的想法由来已久。

再者，按功力门武术改造过的太极十三剑，是李茂春的一个创造。虽然现今武术套路多如繁星，学练武术者不缺乏这方面的资源，但是，从了解传统、继承和发扬传统的视角看，功力门武术在技术上有许多特点和独到见解，对丰富中华武术宝库是个贡献。书中介绍的功力门前辈们的武林轶事，都是真人真事，今天习武之人也许不能练出，甚至对许多人来说不需要练出他们那样的武功，但后辈们可以从中看到中华武术曾经的辉煌，更深刻地认识和理解功力门独到的技击观与深厚的文化底蕴。现从一个视角再次展现中华武术的博大精深，启发和指导后学者在修炼中国功夫上进一步深造。所以，将功力门武术继续传承和推广，仍有其重要意义。作为王子章、李文贞之后的功力门传承人的我们，长期跟随老师，对老师的武术观、功夫、演练艺术、风姿神貌，有切身感受和体会，倍感它的珍贵，很早就有把功力门有价值的东西整理出来的想法。老师们相继去世，我们也年过古稀，时不可待，将这份非物质文化整理成书，传给后人，是一份责任。

第三，据署名“三九养生堂”的有关《孙氏太极拳 李天骥孙氏第三代传人》的网上资料说：“当时不少武术家都不愿排在李文贞后面练，只因李文贞功底深厚，腰腿极好，她的定架子太极十三剑堪称当时一绝，无人敢比。每个动作都能获得满场喝彩，连从来不说一句谁的功夫好的李玉琳先生也说，李文贞有老一辈身上的功夫味道。”李玉琳人称“铁臂苍猿”，是李天骥的父亲、李德印的爷爷，武术学于李存义、孙禄堂等武术大师，太极推手无敌手，曾任山东国术馆教务主任，为东北太极拳的开拓者。此段话指 20 世纪 50 年代的武术表演、比赛情景。现在全国武术十大名教授之一的刁云太不止一次地说：“李文贞的功架，到现在也没有人能赶得上。”名人如此褒奖，我们不把李文贞的动作照片展现出来，不把功力门武术特点深刻地阐释出来，人们可能不知道前辈们练武是什么样，李文贞的动作为什么好，好在哪里。最终，功力门武术即使不被人们忘记，也只能成为一种传说、一种神话，无法传承。可惜，原书图片无法使用，本书动作照片只能由主编示范。主编已年逾古稀，体力和柔韧性都大不如前，力不从心，许多动作不能做到淋漓尽致，敬请读者仔细阅读文字，将图文结合起来推敲动作真意。

作为弥补，本书将李文贞 33 岁时的一些主要动作照片附在前面，为读者提供当年李文贞的武术风采，从中分享中华武术传统风貌的艺术魅力。

本书所述资料，来源于聆听老师和师兄们的讲述、亲自目睹师辈演练的风貌以及自己的亲身体会。有关李茂春的武术史和李文贞的部分历史，部分引用了《天津文史资料选辑》。该选辑是李文贞于 1985 年应天津市政协文史资料研究委员会之邀，将其父亲一生的武术经历做了系统回顾和口述，由陈珍记录整理，登载在第三十四辑的《天津文史资料选辑》上，由天津人民出版社出版。该选辑所选资料，大都是撰写者亲身经历和见闻，可作为文史资料保存。对《天津文史资料选辑》的引用，提高了本书内容的严肃性和可信性。

本书撰写过程中，主审刘幼贞提供了许多宝贵资料，在功力门技术分析部分也给予许多指导。祁家门软手通背拳传人王同庆为本书提供了其父王子章的照片和当年《太极十三剑》出版后剩余的李文贞照片，在此一并表示衷心感谢！

功力门武术没有留下文字资料和“秘籍”。“秘籍”全在师辈们的功夫中。本来李茂春保存了一些武术书籍，并且自己加了许多注释和心得体会，这对研究功力门武术乃至整个中华武术都是十分珍贵的。可惜，在20世纪60年代的那个特殊时期，李文贞怕因此受连累，把这些资料，连同齐白石老先生的两幅画一起当作“四旧”付之一炬。功力门武术没有留下文字和图说资料，是李文贞的终生遗憾。

我们在阐释功力门武术时，虽然竭尽了自己的能力、仔细回忆老师们的言传身授、潜心研究和仔细推敲，但由于技术水平远达不到前辈们的高度，对拳理的理解和练功的体会也很肤浅，甚至不准确，此书只能起个抛砖引玉作用，望同仁们多加指正和充实，共同将功力门武术传承下去。

大连南山武术功力门研究小组

目　录

第一章　百年沧桑功力门 …………………………… （1）
第一节　功力鼻祖王绛云 …………………………… （1）
第二节　传奇一生霸州李 …………………………… （3）
第三节　誉满武坛李文贞 …………………………… （21）
第四节　武术奇才王子章 …………………………… （32）
第五节　南山拳坊功力情 …………………………… （41）
第二章　功力门武术理念与技术特点 ……………… （47）
第一节　力由功出、无功不力的功夫观 ………… （47）
第二节　势出必有法、法中见功力的套路练法
…………………………………………………… （51）
第三节　打练结合、功艺并举的全面观 ………… （65）
第三章　功力门的驭剑术 ………………………… （70）

第四章　功力门太极十三剑套路 ……………… (87)

第一节　编写说明 ……………………… (87)

第二节　动作名称 ……………………… (91)

第三节　套路描述 ……………………… (93)

后记 …………………………………… (151)

附录 …………………………………… (153)

第一章　百年沧桑功力门

第一节　功力鼻祖王绛云

功力门武术由来已久，传说宋朝开国皇帝宋太祖赵匡胤练过此拳，至今至少已有千年历史。正如中华武术许多流派一样，追溯到更久远的历史就只有传说，已没有文字和实物可考证了。但是，现实的存在表明，这门功夫的理念和技艺，并没有随着历史的流淌而消失。相反，历经中国传统文化的滋养和数代武林人士创造性传承和发展，这门功夫日臻完善，逐渐从一种功夫形成一门风格独特、拳理清晰的武术门派——功力门。

今天可查到的有姓氏名号、祖籍并成体系地传授武技、有连续传承关系者，最早可追溯到王绛云。所以，在已被批准为天津市非物质文化遗产的功力门武术申报中（已上报申请国家级非遗），把王绛云尊为第一代开山鼻祖。从王绛云至今，功力门武术已有百余年的传承史了。

王绛云原籍山东，在沂州参加过义和团。当时还是以冷兵器为主要格杀武器的义和团，武术自然是备受重视的技艺，义和团也就成为武术高手云集、习武风气盛行的社团。王绛云在义和团里学得内容丰富的拳术和长短硬软器械，据说套路就有一百多种。武术在义和团里就是一种格斗厮杀本事，来不得半点花拳绣腿。王绛云主修功力门武术，十分注重功力训练。武术界向来就有“一力降十会”的说法。当然这个“一力”不是天生的本力，而是武术的功力。武术的功力，需要长期地、艰苦地、持之以恒地训练才能获得。在当时条件下，除了一些专门训练外，生活化训练是一大特色。日常生活、农活劳动都与练功联系起来。锄地用腰腿裆胯劲，搬运东西有意识地练习整劲。就连日常的挑水，也要练功力。据说王绛云挑水，把水桶举到肩上，身不低、腿不弯，不同常人。我们后人可以从中体会到什么是“拳不离手”了。

王绛云行拳下裆走胯，架势宽大沉稳，步法轻稳干净，下盘功夫极强。在雪地上行拳，不留明显脚印。跃腾翩若惊鸿，落如平沙落雁，身体极其轻盈。一招一式外柔内刚，无不透出强大功力。

有一件小事可以看出王绛云的功力。一天，王绛云到集市卖自己种的杂粮，遇上几个赶集的壮汉，他们依仗人多力壮，硬要王绛云挪地方。王绛云并不与他们争吵，看到对方有一大车小米停在那里，就把自己肩上的小褂拿下来，说：“我把这小褂压在你们的车底下，别让风给吹跑了，马上给你们挪地方。”说着便一手托起大车轴，将几百斤重的大车提起半边，把小褂压在车轮底下，不慌不忙，神闲气定，那时王绛云已是五十开外的人了。那几个想霸占地方的壮汉却惊呆了，连忙拦住老人，抬起大车，取出小褂，恭恭敬敬地给老人披上。

王绛云是随义和团由山东来到直隶的。进了天津，帮助民间社团“红灯照”，是拳场的掌门师兄。义和团失败后，为躲避官府追捕，逃到霸州，从此打算隐居乡野，不再显露武技，以防不测。

王绛云毕竟是练得一身武技、身怀绝技又见过世面的人，虽然被迫隐居，但内心并不甘心，一心想找个可传之人，把这身功夫传下去。经过多年的等待，直到遇到“小老道”李法，此夙愿才得以实现。

第二节 传奇一生霸州李

“小老道”李法，就是后来的李茂春，因是河北霸州人，江湖人称“霸州李”。李茂春是功力门武术的第二代传人。

李茂春授徒众多，遍及京津关外、大江南北，他们是第三代，其中第一传承人当属李茂春的长女李文贞。在大连，有李文贞的师兄邓根立、王子章、赵佩起。功力门传承到现在已是第四代、第五代、第六代了，遍及全国，其中不乏众多佼佼者。在天津，有李文贞嫡传弟子刘幼贞、李丽玲、张国威等。在大连有邓福财、李明德、林承君、潘清福、赵忠煜、江云甫、谭敬升、陈文明、任炳义、程远信、任炳礼、宋修宽、王传远、刘淑玲（刘伟）、邓德庆以及王宝智、谭霖、陈德才、于子淇等。据了解，沈阳也有一大批功力门的传承者，而且很有造诣，如：第三代的李振明。李振明的弟子刘继良、于振波、王桐林；第五代的赵开、吴彦章、钟丹江；第六代的赵天榕等。赵开是刘幼贞之子，家传功力门武术，沈阳音乐学院体育教研室副教授，国家级武术散打裁判，培养学生众多，撰写多篇论文在学报上发表，在武术教学和研究上成绩显著。赵天榕，当下尚在读书，学习之余，苦练武术，套路、散打并修。这些后起之秀，必将是功力门武术得以传承的有生力量。

刘幼贞是继李文贞之后功力门武术第四代传人的杰出代表。

功力门武术仍在向下传播。

李茂春生于光绪元年（1875年）的一个普通农民家庭，在无灾害之年可免于饥饿。李茂春是独生子，自然备受珍爱，取名发儿，大名李发。发，有繁衍生长的意思。为了好养，将他舍于寺庙，当记名和尚，认淀神庙的老住持为师，改名李法。六岁那年，李法得了场大病，连日高烧不退，父母急了，除了吃药又去求神，许愿说：只要儿子的病好了，愿意长期出家当和尚，伺奉神佛。于是，李法就在东关外的淀神庙当了一名带发修行的和尚。从此，七岁的李法便开始了晨钟暮鼓的清苦生活，他传奇的一生也从这里开始。

青年时期的李茂春

《天津文史资料选辑》第三十四辑（以下简称《选辑》）第194页记述了“霸州李”的这段历史：“淀神庙殿宇轩然，气势雄伟，山门正面悬挂着乾隆三十四年御笔书题的‘甸流承佑’横匾，它是霸州首屈一指的大庙，前来烧香的人很多。因为庙里还供着关帝像，人们又将此庙称为‘老爷庙’。香火鼎盛的时期，庙里的庙役、僧众达百余人，还常有从河间、顺天、正定、天津等州府和更远的名山古刹前来‘挂单’的和尚。庙里除住持老和尚和几位年长的和尚以外，其他和尚一般都要承担各类劳役。有的照顾殿堂香火，有的打扫禅院，有的当火工烧水烧饭，还有的种大田、种菜地。这些人中有不少是‘带发修行’的，他们留半发梳髻横别发针，被称为‘老道’，李法亦在其中，因他的年岁最小，所以大家叫他‘小老道’。主持老和尚怜爱‘小老道’，喜欢他诚实，不贪玩耍，就把他留在身边，打扫禅房，沏茶打饭，照顾老主持的生活。老住持见‘小老道’聪明肯学，有‘慧根’，在教经文的同时，也教他识字。李法在淀神庙老主持身边不仅受到了文化教育，而且老住持的为人、德行、安贫乐道的精神，也深深地影响了李法。

庙里定期定时施舍斋饭，凡游方的僧道、乞丐、穷苦的乡民和失养的孤寡童稚到庙赶斋，都能得一饱。每当放斋的时候，‘小老道’李法总要忙前忙后，帮着火工和尚抬大笸箩，发放玉米面饽饽、高粱面饼子。有时候，有人赶斋来迟，笸箩里的饽饽渣都被打扫完了，李法就将自己的一份斋，掰成两份，分给空着手、饿着肚腹的可怜人。童年的李法并不懂得‘慈悲为怀’这类佛学的真谛，而修行生活中的许多见闻陶冶了他富于同情、勇于牺牲自我的性格。后来，在他的生活中，常常舍己为人，解衣衣人的事累见不鲜。”

知道一些“霸州李”轶事的人都知道“霸州李”是“小老道”，颇具传奇色彩，原来这个“小老道”是这样来的。以前，我们出于对师爷的崇拜，只是在心目中有个武艺高强、一身正气，堂堂男子汉的形象。后来，又听李文贞说她的父亲李茂春不仅有一身拳脚功夫，还十分钻研武术书籍。他在一些早先传下来的武术资料中做了很多批语和心得体会，小字写得密密麻麻。后期又研究点穴和人体穴位、经络，研究健身养生。我们纳闷，霸州李一生闯荡江湖，哪有时间学文化、又跟谁学文化？看到“小老道”的这份经历，就不会感到离奇了。

据李文贞讲，当时庙里有许多能人，藏龙卧虎。他们有些是因为某些瓜葛、纠纷，躲到庙里，其中不乏拳脚功夫了得的武林高手。每当他们练武，小李法都看得入迷。老住持和师兄们也教小李法一些拳脚，小李法都认真刻苦地练习。19 世纪末，中国闹义和团运动，由山东发展到直隶，在霸州也有拳民集会比武活动。不久，义和团遭到八国联军和清政府镇压。清政府不准民间习武，而且四处搜捕义和团成员，使民间武术运动受到很大限制。由于清政府的镇压，往日那些在庙里练拳习武、身怀绝技的和尚也远离州府、隐居到山川乡野中去了。老主持也不再提习武的事。李法无奈，只好背地里偷偷练习，但仍抱着有朝一日能得到高手传授的希望。也许是缘分，也许是因果，李法遇到了一位武功高强的老汉，使他的诚心和努力终于有了回报，从此真正开启了李法的武术生涯。关于李法学武拜师的故事，《选辑》第 196 页至 198 页做了详细记述：

李法是个有心之人，终于发现在井边挑水的一位老汉，挑水的动作与众不同，他将两桶水打满以后，平举到肩上，身轻步捷地担走，全然不需蹲下身子。李法寻思这老汉定是位练过功的人。

这位老汉五十来岁，脸庞瘦削，双眼炯炯有神，透着一股英豪之气，乡邻都尊称他王老汉。有人说王老汉原是大清河下游的庄稼人，年成不好，逃荒来到霸州；也有人说，王老汉加入过义和团，是避祸才来霸州的。老汉自耕自食，不喜交际，而邻里中有急难却很肯相帮。凡属修桥补路之类的公益事情，也肯于出力，所以大家对王老汉怀有好感和敬意，至于他是不是义和团，并没有人去追查。

有一天，三更左右，李法侍奉老师父“打坐”以后，悄悄走出山门，想练几趟拳脚。时值深秋，天空地阔，万籁无声。李法信步走到庙外一个场院前，忽听见围墙里面透出轻若晨风的微响，攀墙一看，场院里有条黑影一闪，快若流星，原来是王老汉。他身轻如燕地做了个收势，并且冲着李法攀墙的方向说道：

“哪方的朋友，请到场院里来，隔墙怎好说话呢？”李法吃了一惊，没想到自己如此轻捷却被老汉觉察了。李法顾不得多想，跃过墙去，驱至老汉跟前跪倒在地，口称：“弟子叩拜师父，请收我为徒，传我武艺。”王老汉扶起李法，和蔼地说：“小老道，你弄错了，我哪里会什么武艺，只是上了年岁，瞌睡少了，起早活动活动腿脚。”李法央求王老汉不要嫌弃后生，再三陈述自己习武心切，而老住持已年老力衰，不能传教武艺，自己虽然还在坚持练习，但许多拳法不能无师自通，恳求教诲。但无论李法如何说明诚意，王老汉一口咬定自己不会武艺，收不了徒弟。

李法回庙，心中纳闷，王老汉明明有功夫，为何把他拒之千里？当他再潜到王老汉练功的院墙外去窥视时，一连半个月，也不见老汉的身影了。冬天来了，一个雪夜里，李法又来到王老汉练功的院墙外，听不见任何动静。他惆怅地踏雪，朝堆着柴草的场地走去。穿过几个高大草垛，前面便是空场。忽然见到有条人影在晃动，正是王老汉在行拳。动作沉稳，起落无声，拳架宽大低沉，柔和缓慢，跃腾如燕雀，落地时脚法轻盈，雪地上也没留下明显的脚印。李法看得入神，对老汉的功力钦佩不已。他想，既然老人不肯收自己为徒，但如此偷偷地学，总是可以的。从此，李法按时潜到草垛后边去偷艺，一连多少个夜晚都没有被发觉。出于对王老汉的崇敬、爱戴，李法日常挑水，总是主动把王老汉家里的水缸挑满；老汉有活计，李法也不待老汉开口，就去帮忙。老汉对李法也很疼爱，一老一小，相处得亲热和谐，只是双方都不提武艺上的事。冬去春来，有一天，李法到井上去挑水，王老汉也挑着水桶走过来，笑着对李法说：“今夜你不必到草垛场上去躲藏了，鸡叫头遍，咱俩见面，我有话跟你说。”李法又惊又喜，惊的是他偷艺的行为并没有瞒过老人，喜的是终于要向他传艺了。

凌晨，李法如约到了场院里，王老汉问李法："你是出家之人，习武为何？"李法回答说："强身健体，武术在佛门的少林、道家的武当传之有年，现在趋向衰落，弟子愿为武术尽份力量！"王老汉夸奖李法能懂得这样的道理，难能可贵。于是，王老汉向李法讲述了自己的一番经历。

这位王老汉就是王绛云。

李法拜师，非常简单，只由王师父备了香烛纸码、供果之类，让李法拜了天地祖师，行过师徒之礼，一顿素面，便完成了拜师礼仪，没惊动任何人。

李法从师以后，得到师父精心指导，苦练十来年。那时正是身体发育年龄，是练功的最好时期。李法的功力大增，掌握不少奇功绝技，为以后继续开拓奠定了坚实基础。

李法在淀神庙虽然受到老住持器重，甚至想把住持交给他。但是，李法的兴趣和志向并不在于"佛门修行"，他一心想的是练功习武。再说，他只是带发修行，并未剃度。此间正好接到母亲病危家信，于是他奔回家中。母亲在弥留之际，切望儿子能还俗，娶妻生子，接续香火。李法料理完母亲的丧事后便脱离佛门，回到家里除帮父亲种地，就是练武。

俗话说，师父领进门，修行在个人。这个"领进门"，不是磕头行个拜师礼就算进门了。师父要教徒弟练功的方法，要能看出徒弟的毛病并有效纠正，要严格要求，要"逼"。这个"逼"，后来李茂春对女儿李文贞练武也是这样做的。李文贞说过，当初练功时父亲要求非常严，练得非常苦，"要死的心都有"。至于"修行在个人"，可真是在个人了。要靠练，苦练、恒练、用心。特别是离开老师以后的漫长生活中，一如既往地坚持，不是容易的事。遇到名师、明师，是缘分；苦练、坚持、用心（悟性），在自己。这两方面，缺一不可，而李法都占到了。所以，他离开老师以后，功夫仍是与日俱增。

说来好笑，李法功夫的厉害，却是在打恶狗一事上开始扬名的。霸州东关外，有个乱坟岗子，抛尸露骨，没人管理，招来一些野狗。这些野狗吃死人吃红了眼，就要伤害活人，弄得乡民人人惊恐，成了当地一大祸害。有一天，李法在街上走，突然一只体型硕大的像头小驴的野狗向自己扑来，李法不假思索，只是信手一挥，顿时野狗脑浆迸裂、倒地而死，狗血脑浆溅了李法一身。这下子惊动了乡民，都跑出来看这位为民除害的"英雄"。这件事传开了，说什么的都有，有的说李法只是吹了一口气，就把野狗吹死了等，都知道东关有位本领高强的人。

如果说李法打狗除害的事只是无意之举，那么，凭自己的正气和武功平息一场乡民械斗，却是一种义举。关于这件事，《选辑》第 200 页是这样记述的：

"离霸州东关约二里有条牤牛河，两岸分居着几百户农家，以六郎堤为界。这一年，夏收已经在望，不料却连下了三天三夜的大雨，六郎堤两岸的庄稼都泡在水里，眼看着丰收要遭水患。上游的农民提出扒开六郎堤，让积水流入大清河；下游的农民不肯做出牺牲，双方争执起来。男人们都举着锄头、扁担涌到六郎堤上，剑拔弩张，一场械斗就要发生了。李法手持白蜡杆赶来，站在中间，大声呼喊：'都不准动手！'上游方面有人不听，举锄就想刨土，李法摇动手中丈三的白蜡杆，如车轮飞转一般，只听他喊着：'谁动手，就把谁挑入河心！'原打算豁命械斗的人们都被镇慑住了，双方放下锄头、扁担，通过协商，采取了双方都能接受的泄水、抗洪、补偿等办法，调解了这场纠纷。"

李法以武为乡民做了些好事，由此名声远扬整个河北。但是，李法一想到王师父的风范和对武术深不可测的敬畏，就觉得自己还差得远，当初对王老师说的志向，也时刻记在心间。所以，对李法来说，根本就不在意眼下做的这些“小事”。他想寻访身怀绝技的高手，继续提高自己的武功，他决定出去闯一闯，于是开始了“霸州李”武术生涯的新阶段。

李法在王绛云师父那里，学得了长拳短打、长短软硬兵器。不仅套路丰富，更练得了一身功力绝技。这些技艺，足以支持他去闯荡江湖。以前练功夫的人，要能练，也要能打，“打练结合”，还得会养生的方法，这是中华武术的传统理念。以前，人比武练功，不像今天是锻炼身体，那是要付出极大体力和战胜极大痛苦的，经常是耗散、是透支，甚至还是内伤，所以必须用养生的方法补救回来。那时一些民间的武术高手，会练、会打、会养的不乏其人，例如王子平、郑怀贤、万籁声等。可见，中国传统武术对练功人的要求很高、很全面。这个“打练结合”不是结合在套路动作的攻防含义上，而是对一个人的武术品质、身体素质、武术技艺和能力的全面要求。“霸州李”既能打，也能练。他于宣统三年（1911 年）来到现在的北京，改名李茂春。到北京后，他先是到天桥。因为天桥是舞刀弄棒、杂耍卖艺、卖小吃、古董的最热闹的地方。他初来乍到，没有地盘，也不懂人家的规矩。在天桥转悠了大半天，等人家推了场子（收了场子）便走过去，对剩下的观众双手抱拳行礼，就练了起来。先是练了一套短拳，赢得外行人的一片喝彩。这时有些推了场子的卖艺人也回来看个究竟。于是，他又显示一组散打手法，赢得内行人的佩服。正在得意之际，来了一位身穿对襟绸衫的人，朝着李茂春一拱手便问姓甚名谁，从哪里来。旁边有人告诉李茂春这个人是天桥明地的“掌穴”人。原来天桥这么个空场子，也不是随便能来的，要向“掌穴”人交纳地皮钱才能使用。租用刀枪架、摆上桌椅，当然都要交租金。李茂春按他们的规定交了钱，于是就“合法”地表演武术了。李茂春表演大刀，就是《三国演义》关云长使用的那种青龙偃月刀。自古用大刀者，必是有力之士。有好事者想试试大刀的分量，抬起来都觉得吃力，可在李茂春手里，毫不费劲，提刀上势，时而凤凰展翅，时而左右撩刀，劈、挑、砍、撩，挥舞自如，招来许多观众。双钩也是李茂春的拿手兵器。据师辈们说，李师爷练的行钩（双钩的一套套路名称）出神入化，不仅钩、搂、掏、带、刨、挂、挑、刺技法清晰，而且力量极大。这套行钩，20 世纪 50 年代邓福财、刘幼贞常练，至今在大连还有流传。据李文贞说，李茂春还有手绝活，就是双剑入鞘。让人站在两米开外，平举剑鞘，他能将双剑投入剑鞘内，从不失手，用的是腕力，发的是内功，而且功力须十分强大、纯正。每当他表演完双剑，都要这样收势，惊动四座，博得一片喝彩。

李茂春以他精湛的武功征服了观众、立足于江湖，场子总是挤得满满的人，一天收到的钱，能买两三袋面粉（当时习惯用多少袋面粉来计算收入，比较实在）。李茂春除了缴纳场地费、住店钱、饭钱等生活必须的花费外，还将一些剩余用来救济幼童和穷苦人们。所以，天桥一带的人，一提起“霸州李”，无不由衷地称赞。

有一天，李茂春从街上回来，小客栈伙计递来一封信，说是有人托人送来的。李茂春打开一看，只有一句话：“月之十五日夜十二点钟天坛一会。”署名是“武林朋友”。李茂春赶到店外，人早已走了。李茂春按时赴约。这是一次对功力门武术后续传承和发展有着重要影响的会面。《选辑》第 203 页记述了会面的情况：

“月之十五，团圞明月笼罩着帝京的玉楼金阙、古柏琼花。李茂春踏着月光，步行来到天坛。一位健壮的中年人迎向前来，两人抱拳，互通了姓名。原来这位武林朋友姓恒，名泰，字寿山，眉宇间透着英豪的神采。恒泰首先声明相约会面，绝无恶意，只是在天桥看了‘霸州李’的表演，武艺精深，故而相邀，面叙敬羡之意，同时交流武艺，切磋功力门的诸多技法。李茂春表示：以武会友原是武林中的传统，所以也很愿意接受指教。恒泰说：以武会友应当有言在先，互不相伤，点到为止。于是就在地上划了一个圈，约定先出圈的为输。两人站在圈内交手，刚一走行门，过步眼，李茂春就说：‘恒师傅是太极门的弟子吧！’恒泰很心服，说：‘霸州李名不虚传，眼高艺高，不愧是功力门的高手。’两人在圈内忽上忽下，闪展腾挪，各守门户，都没有出圈就收住架势，互诉敬佩之情，真是一见如故，相见恨晚。从此，两人就经常约会，切磋武艺。恒泰向李茂春介绍了许多武林情况，并将自己最精湛的太极十三剑传给李茂春，李茂春也毫不保留地把地躺双刀、软工鞭以及锻炼功力的经验体会，教于恒泰。”

恒泰是清末民初时期的太极拳名家，在皇宫里教过太极拳，太极十三剑就是出于此处。据说现在在昆明还有一支恒泰的后人练太极拳。恒泰力气很大，能双手平端八仙桌，号称“大力恒”。据李文贞说，自从两人认识后，好得像一个人似的，整天在一起研究武艺。既然恒泰是太极拳高手，我们好奇地问李文贞：“师爷他们是怎样练太极拳的？”李文贞说：“当时的太极拳套路很长，云手左右都有……”显然没有理解我们问的意思。于是，我们又问：“我们只见到现在人练太极拳的样子，平平稳稳，慢慢悠悠练套路，练推手，很想知道老一辈人是怎样练的，他们都练些什么?”李文贞说，她那时还小，只记得他们非常讲究身法，总是研究各种情况下身法的运用。好个身法！老师亲眼见证的前辈高手练拳讲究身法，开导了我们去思考太极拳如何走化、太极快拳怎样才能快起来、太极拳练轻灵从哪里入手、什么是拳打卧牛之地等一些根本问题。练身法，一直是功力门强调的功夫，认为身法是高层次的肢体运动，也是化劲的所在。这是因为身法是整体性的、协调性的、综合性的、内外合一的技术运用，也是心灵获得自由的外在表现。刘幼贞在执教辽宁省女队时就非常注重队员们的身法训练，所以才有她后来的骄人成绩。刘幼贞说，现在练身法的人不多了，好身法更难见到。的确如此！

“霸州李”在京城名气越来越大，甚至朝廷也知道了，差人传话要“霸州李”到神武门去领差使。这在世俗看来，从卖艺到紫禁城，是一步登天的好事。可是“霸州李”想到师父被追捕及清廷的其他暴行，他不顾“抗旨”杀头的危险，借故离开北京，到了天津。当时清廷已摇摇欲坠，对江湖艺人这样的小事也顾不得追究了。李茂春在天津收了几个徒弟后，又决定到南方闯一闯。

“霸州李”东奔西跑，靠撂地卖艺、教拳、收徒弟作为生活来源。有时也做点别的事情，比如走镖局。这样，“霸州李”走到哪，就把功力门的技艺传播到哪，全国许多省市都有“霸州李”的朋友和弟子。

李茂春南下首先想到的是南京。南京是六朝古都，想到那里去访访。来到南京，便在夫子庙觅到一块场地。每每表演完，都是一片喝彩，观众不少，收入也不少。他又肯帮助人，人缘好，江湖上都愿意和他交往。在夫子庙没遇到高手，倒是发生了一桩惩治恶少的仗义之事。那天，李茂春正在文德桥表演，忽听到人群喧哗声，其中还有妇女的呼叫声。李茂春闻声赶去，只见桥下一个少爷模样的年轻人对一位姑娘动手动脚，还有一群仆从狐假虎威，吓唬群众。李茂春大喊一声，揪住那人的领子，护住姑娘。仆从们一拥而上，只见“霸州李”来个“狮子抖铃”，双肩一抖，把他们弹了出去。这群人仗着当地势力和人多势众，又扑了上来。“霸州李”闪展腾挪，一招制敌，干净利索地收拾了这群无赖。有人告诉李茂春，这个恶少是南京城里有名的花花公子，其父是前清的遗老，其兄是民国新贵，定不会善罢甘休。李茂春并不在意，倒是当天晚上有人找上门来，手中提着点心、水果、瓶酒等礼品，说是来赔礼道歉，白天冒犯了师父，老爷把少爷教训了一顿，又提出重金聘请师父到公馆教拳的请求。李茂春想起师父“艺不可不传，艺又不可轻传”的教导，断然谢绝了对方的请求，把来人打发走了，礼物也退了回去。中华民族是最重礼仪的民族，武术界乃至江湖最看重武德，强调“未曾学艺先学礼，未曾习武先习德”。练武之人不是练好拳脚功夫就行了，而是把品德修炼看得更重。德高，思想境界高，意志坚强，虚怀若谷，才可能舍己而探求武术真义，练得上乘武功。学好本事，要做好事，为齐家、治国、平天下尽力，不允许任何有悖公德的行为。“拳以德立，无德无拳。”“武德比山重，名利草芥轻。”都是武术界的信条。李茂春确实把武德看得比山重，把名利看得草芥轻。

“霸州李”大闹夫子庙，成了街头巷尾人们议论的快事。好奇的、来访的、求艺的、聘请的，络绎不绝，弄得李茂春不得消闲。李茂春向来认为除暴安良是练武之人应该做的，不必如此张扬，他一心想的还是寻找高手学艺。于是，经朋友介绍，顺江而下，来到上海。在上海，多次参加比武。上海一带当时兴用棍棒，与“霸州李”比武，下手极狠。一次，有人一棍打在李茂春的胳膊上，棍打断了，李茂春却没事，对方马上表示折服。李茂春再做了个骑马势，让对方打，他不招不架。一个年轻人持棍来捅，又有三个人同时用棍来捅，李茂春都纹丝不动。三个年轻人佩服得纳头便拜。而李茂春身上只落了几个白点，从此“霸州李”又有了个“铁胳膊”的称号。

练过武术的人都知道，对棍这种武器，最怕它戳。戳，力量集中，压强大，接触时间短，杀伤力大。武术谚语中有“宁挨十棍，不挨一戳”之说，对方用戳的棍法，可真是下了狠招。可是李茂春纹丝不动，“身上只落了几个白点”，可见其内功之精湛。他在南京与一群打手交手，“双肩一抖，把他们弹了出去”也是发的内力。“霸州李”的内功的确不同一般，功力门，在“霸州李”身上名副其实。

前面说过，李茂春练的行钩出神入化，在上海，李茂春果然展示了他的护手钩的厉害。《选辑》第 207 页讲述了这样一段趣事：李茂春也善使护手钩。他的护手钩，曾被上海的一位武林朋友借去当样子，照着打造。一日，李茂春取回这对钩，顺道在外滩一家北方馆吃饺子，发现有人在门口探头探脑，还有人在外面操着上海话骂天津人，骂北方侉子。李茂春沉不住气了，走出饭馆，看见马路上站着许多瘪三、青皮模样的人，冲着李茂春用上海话奚落说：“北方侉子，大块头，上不得阵的猪猡。”李茂春按捺火气说：“不要无故出口伤人，更不要伤众，天津何人得罪了你们？冤有头，债有主，何必把天津人都骂在内呢？”那些瘪三、青皮模样的人，亮出短刀、匕首、棍棒，举手就朝李茂春打过来，李茂春举起护手钩抵挡。这钩本来就厉害，钩头能伤人，也能夺对方的兵刃，李茂春的钩法又格外高超，他钩、拿、锁、带，把对手的刀矛棍棒都夺了过来。这时，场外一位中年男子大喊一声："住手，你们误会了！"来人是唐山人，名叫傅华，在京、沪、津、唐一带武术界是一位知名人士。经傅华调解才知道，原来是一伙天津的混混儿与上海的青帮结了点怨，约定双方到外滩交手比试，可是天津的混混儿没露面。傅华向上海一方的人们说，这位使护手钩的是"霸州李"，今天"霸州李"是手下留情，只把众位的家什夺过来，虽也见了点血，但并没有重伤大家，希望众位好自为之。上海方面的人听说对手竟是"铁胳膊霸州李"，更不敢再打了，倒是李茂春觉得自己一时激动，给天津的混混儿帮了忙，实非所愿。

不久，李茂春回到天津。为了生计，带领马金林等几个徒弟又回到上海，在大世界游乐场表演武术。这次行动，却与一个外国人打上交道。

当时，有个叫毕洛的美国大力士也在这里表演，练的是硬气功，诸如"拍钉入木""绳勒脖颈"之类。开始，也很能吸引一些观众，但"霸州李"去了之后，表演的路数更多、功力更深厚、更精彩，毕洛渐渐"门前冷落鞍马稀"了。李茂春向来为人厚道，有同情心，常念"天下武术是一家"的武林义气，就把上座率最高的时段让给毕洛。也许是毕洛觉得失了面子，也许美国人就是那个信条，不接受李茂春的好意，做了一个挑战性的举动：他手持一根铁棍，用膝盖顶住，使出浑身力气，将直棍弯成弧形。这是功夫！没有几百斤力气是弯不动的，自然博得一片喝彩。然后左手向后面一扬，意思是让中国人出来比试比试。"霸州李"不得不出场了。只见"霸州李"挽起袖头裤腿，运足了气，拿起铁环朝自己身上抽了三下，铁环直了起来，再抽一下，铁环回复原状。全场欢呼，为中国人露了脸。这时有人嚷着与毕洛较劲。李茂春拱手说道，中外武术，练法不同，毕洛不愧是大力士，然后拉着毕洛一起下场。

毕洛很感激，也很佩服，一定要邀请李茂春等人到美国去表演，一切来往路费、吃住费用都由毕洛个人包干；而表演者不管赚赔都拿包银。这个条件应该说是很优厚的。李茂春同意，于是，马金林等人到了美国，受到檀香山、纽约、华盛顿等地观众热烈欢迎，毕洛也赚了不少钱。之后，一发不可收拾，毕洛又为他们联系到英国、法国、墨西哥、加拿大等欧美许多国家表演，历时数年。马金林他们在国外也并不一帆风顺，但都妥善处理。马金林等人遍访24个国家，传播中华武术，这是李茂春一生得意的一件事。

李茂春在江浙一带传授的徒弟，李文贞也记不清了。20世纪90年代，又有人写了《太极十三剑》一书，在新华书店有出售，动作就是我们练的那种，书上的照片是个上了年纪的老先生，好像是浙江人民出版社出的。我们当时看了没在意，现在想起来，很可能是李茂春当初在南京、上海一带教授的徒弟。但是，记得有一个人确是李茂春在上海教授的徒弟。那是1958年刘幼贞在上海表演武术，在场的一位武术大师看到刘幼贞练的六家势，立马下来问刘幼贞是跟谁学的。当他弄清楚了情况后自我介绍说，他的名字张殿甲，曾当过上海青帮头子黄金荣的贴身保镖，但从未仗势欺人、以武欺人，就是受了李茂春老师的教导：练武先修德，得容人处且容人，能让三分让三分。即使动手，也要礼让三分，后发制人。所以，口碑好，没有命案，新中国成立后被人民政府释放了。张老先生感慨万分地说："是武德救了我的命！"

20世纪初，大约在1920年，李茂春来到大连。当时大连已是比较开放的码头，商业繁荣，河北、山东来闯荡的江湖艺人不少。那时大连有个叫孙寿文的拳师，住在西岗，有鹰爪拳功夫，自恃有本事，很霸道，凡是来大连的武林人士，都要去他那里拜门，否则，他就领着一班徒弟找上门来闹事。“霸州李”来大连撂地，就是不去拜门，一连几天倒也没有事。有一天，孙寿文果然来了，双手一拱，假惺惺地邀请“霸州李”到武馆下榻。“霸州李”想，这些表面文章先跟着做下去，于是，就来到孙氏武馆。孙武师问：“兵器中何者为祖?”“霸州李”说：“大杆子最古老。因为殷商以前，还没有铁造兵器，练大杆子为最早。”孙武师说：“那好，咱们今天就练练这大杆子。”分明是挑衅！几个徒弟抬出最长、最粗、最重的一根。这根大杆长一丈三，根部粗到一把握不过来。李文贞说：“我父亲一米八几的个子，握那个大杆都涨把。”（涨把，就是杆子粗得不能满把握住，手被杆子涨开。）只见“霸州李”手握大杆舞动起来，滑、拿、崩、拨、压、劈、盖、扎，方法清晰，力道十足。众人正看得入神，“霸州李”突然一顿，一使劲，大杆断成两截。李茂春说声：“对不起，我把您的大杆子抖断了。”孙武师一看，不用再试了，重新设宴款待，并说由于自己看不起那些欺世盗名的假把式才这样做的。孙武师想留住李茂春，被谢绝了。

20世纪五六十年代，我们也练过抖大杆子。记得南山拳坊那根大杆子，也差不多一丈有余，根部也是一把握不过来，用久了，呈枣红色。杆子比重很大，质地坚实，拿起来沉甸甸的，富有弹性。我们抖断过白蜡杆，那是练花枪的枪杆。要抖断大杆，想都不敢想。“霸州李”能抖断质地那样好、那样粗的大杆，可见功力之大，不可思议。

当时大连南山有个拳坊（今大连市中山区武汉街，劳动公园东边），是王茂田开设的大连较早的拳坊，大连武术界都叫它“南山拳坊”。王茂田和李茂春都是霸州人，关系很好，王茂田把李茂春接到南山拳房。李茂春便在南山拳坊传授功力门武术。当时，跟李茂春学艺的有赵培起、邓根立、王子章（王茂田之子）等几十人。

李茂春在大连不仅传下了功力门的许多技艺，如飞虎拳、六家势、小花刀、行钩、太极十三剑、穿林双剑等套路和练功方法，而且其练功理念和风范在大连也代代相传，深深影响了后代，李茂春的高足王子章就是代表。

李茂春来往于大连、沈阳之间。在沈阳教了许多徒弟，我们能记得的有李振明。李振明的弟子刘继良现在在美国以中医为职业，但仍在坚持功力门武术的传授，光大功力门武术，并在武医相济方面有深入研究。

当时营口也辟为商埠，南来北往的商品流通十分繁荣，但是世面却不太平，常有强梁胡子劫道，因此商家常请镖局保镖。镖局则要物色身手高强的镖师，日升镖局来请“霸州李”保一批货物到满洲里。这趟路很长，胡子又多，听说还有个叫黄占英的胡子，很厉害，许多镖师打怵。李茂春接了这活，一路遇到小蟊贼不在话下。经过长途跋涉，历尽艰辛，镖车走到三门屯，眼看就快到满洲里了，这时黄占英出来了。黄占英说，要么留下镖车，要么比试比试。“霸州李”丝毫不让，两人动起手来。李茂春使的是双刀，一刀砍断了黄占英的马腿，生擒了黄占英。黄占英要李茂春杀了他。李茂春好言相劝，要他起来。黄占英说他当胡子是被迫的。黄说，镖师千辛万苦、冒着生命危险，请问，哪家镖车是穷人的？黄占英请李茂春到屯子里歇脚，并保证只要是“霸州李”的镖车，黄某退避三舍。

漂泊江湖，总要落叶归根。李茂春回到天津，已是不惑之年。这时李茂春思想偏于安顿下来。这一段生活，《选辑》第

215 至 216 页说："'霸州李'名噪津门，席不暇暖，邀请他加入拳坊的、保镖的、教练军警的，接踵而来。当时民国虽已成立多年，但由于直、奉、皖各系军阀连年混战，人民生活不得安宁，就是在天津这样的大都市里，也时有盗案、凶杀、抢劫、绑票案发生。大军阀段祺瑞家的老太太到租界地的戏园子看戏，衣襟上佩戴的金镶玉饰的牙签子，被人捋去了；刚卸任到天津做寓公的海军总座刘冠雄，马场道的公馆失窃，一池金鱼都被捞光。此类新闻常披露报端，因此，民国达官、前清遗老、公家、私家都想找武艺高强的人保护他们，对付盗贼。有的大军阀派人来向李茂春下请帖；有的公馆用小汽车接李茂春赴宴；秋山街法段公馆用两洋面袋现大洋作聘金，请'霸州李'去保镖；天津警察厅也商请他去当警察总教练。真是门庭若市！"李茂春不愿意为官府、官家看家护院，便借口祭祖摆脱了这班人的纠缠。这时，胜芳有个姓邢的在南市老三不管开了一所拳坊收徒传艺，李茂春便落脚邢家的拳坊帮忙。这邢家老先生名叫邢连科，很有功夫，大杆练得好，质地坚实的涨把大杆子，在他手中抖起来却十分"柔软"，得心应手。不久，一位"老天津"李庆堂老人看中了李茂春，愿意把女儿许配给他，从此，"霸州李"便在天津安家落户了。于1923 年，生下他们第一个孩子，就是后来誉满武坛的李文贞。此后，儿女相继出世，经济负担日渐加重，于是又到天津"三不管"一带卖艺。

"霸州李"名满天津，人缘又好，他的门人和朋友为他建了武馆。"霸州李"收徒看重的是人品，能不能吃苦，是不是真的热爱武术。尽管他的经济拮据，但仍不把金钱看重。天津有个姓高的富豪要把儿子送来学武，"霸州李"拒绝了，而家中只有两亩地、终年吃不饱饭的河间杨春山，却收留了。杨春山当时只有十二三岁，步行到天津投靠“霸州李”的。杨春山的确能吃苦，在“霸州李”的培养下，练得一身好功夫，他的硬弓尤其出众。后来，李文贞的妹妹李文兰嫁给了他。杨春山曾在1956年随李文贞来到旅大市杂技团，我们看到他的表演，功架扎实，劲力纯正，爆发力强。一起随李文贞来杂技团的还有李文兰、刘幼贞。旅大市就是现在的大连市。20世纪50年代，将旅顺、大连合并，叫旅大市。

《选辑》介绍，“霸州李”在天津培养了一批徒弟，有密云的赵胜堂，霸州王子辛、赵福泰，河南郑春成，河北吉世春、高登奎、王树林、刘树鹏、谷子会、邹海东、毛金臣和杨春山，他们都是老师最得意的门生。另外，还教了几个女徒弟。

令李茂春不解的是，中华武术既然被尊为国术，应当承认这行当不简单，自己的武艺也不低，可是为什么社会地位却十分低下？自己漂泊半生，除武艺外，没给后人留下什么。“七七”事变后，日本侵略者常常杀害武林高手，李茂春又四处躲避，行踪不定，过着漂泊生活。一九三九年初回到天津，平时很少得病的他，患了感冒。本来感冒不算大病，据李文贞说是吃错了药，从此一病不起，不久离开人世，结束了他的传奇一生，享年64岁。临终前，还惦记着有些东西没有传下来，把杨春山招到榻前，教他如何研究经络、穴位，如何点穴。

第三节 誉满武坛李文贞

李文贞是李茂春的长女，功力门第三代的代表。

李文贞一生献给了中华武术，是武术界公认的新中国第一代

1953 年进京在怀仁堂为毛主席等党和国家领导人表演后，摄于华北军区院内，时年 28 岁

优秀武术运动员，写进了中国武术史（国家体委武术研究院编纂《中国武术史》第367 页，人民体育出版社1997 年）。李文贞凭自己精湛的技艺获得了诸多荣誉和喝彩，她的一生，是在武术事业上大放光彩的一生。可是，谁人知道这些光彩浸透着她的多少汗和血。

李文贞说，她四岁起跟父亲练武，开始只是先进入练武的环境，有些感性体验。随着慢慢长大，父亲的要求也严格起来，而且非常严格。站桩，必须加长时间，蹲骑马势，蹲久了，两腿发颤，一下跌坐下去，就得重来。踢腿、打旋风脚、做一些关键动作，都必须有一定数量，不够数不算完。更“要命”的是只要有一次没做好，哪怕快够数了，不管多累，也要重来。例如，飞虎拳套路中有个低虚步接摆莲腿动作，摆腿不准起身，脚过脸面，而且拍脚面要清脆有力，这个动作需要单练。父亲要求连续打 100 次不出错才行，经常是到了 96、97 下了，一旦有不合格，就得重来。李文贞说当时要死的心都有。后来，李文贞训练刘幼贞也是这样做的：只要有一个动作没做好，她就声音不高不低、不紧不慢地来一句：“重——来。”刘幼贞说，那时，她最怕大姑说“重来”了。现在想起来，也许就是这个“重来”精神，成就了她们武术的光辉一生。“梅花香自苦寒来”这一诗句，用在她们两代人身上，再合适不过了。

1956年李文贞一班人加盟旅大市杂技团期间，常常白天演出，晚上到南山拳坊练功。那时，我们的师父邓根立非常高兴，打开窗帘，让过路人看。外面的人在窗户外挤得满满当当，有时候是人迭人。邓根立与李文贞是师兄妹，所以我们叫李文贞是师姑，习惯叫她文贞姑。我们看李文贞练拳，从不失误，刘幼贞也是一样。俗话说："常在河边走，哪有不湿鞋。"可是李文贞就是"不湿鞋"。她参加过那么多比赛、表演，从不失误，为什么？直到近几年我们才悟出个缘由来。

李文贞总是强调基本功的重要，她常说："世上没有绝招，基本功练好了，练什么都行。"说起基本功之重要，大概不会有人反对。但是，如果仅是一般地说基本功重要，还是不够的。李文贞练基本功，有些鲜为人知的特殊训练。例如，为了练脚下生根功夫，要在冰上练。不下雪，泼上水结冰练，练脚趾抓地功夫；到海边、河边有小石子的地方练。有时一个坐盘坐下去，把膝盖都磕破了。在小石子上练，就是练脚下的感觉。叫你无论遇上何种恶劣地面，脚底都要有内劲。

在大地方练，要放开尺寸打，占满场地；在小地方练，拳打卧牛之地，旱地拔葱。

这些都是李茂春的要求。不仅教了如何练功夫，还教了如何处理与场地的关系。这为李文贞以后的鬻艺，乃至更后来的舞台表演、杂技团演出都奠定了基础。

关于在小地方练，据李文贞回顾，那是在大小一丈见方的小屋里，在那个年代算是标准间。屋里一边是半铺炕，一头摆着一张桌子、两把椅子，一个水缸、一个做饭烧水用的洋炉子。就在过道上练，还不准退步断劲。有时难免磕碰，疼得钻心。

还有练眼法。夜里父亲把女儿叫起来到院子里看香。农村晚上没有灯，一片漆黑，点上一炷香，眼睛一瞪一收，还要左右上下快转，直到把香燃完。想想，李文贞当时还是个孩子，俗话说“宁愿三岁没娘，不愿五更离床”，半夜正是睡得香的时候被叫起来，不下狠心教、不下狠心练是坚持不下去的。我们都在不同程度上学得了李文贞的眼神，到现在也是受到大家公认的。李茂春说用眼睛看，就能把人看起来，我们都还没有这个本事。

不要以为李茂春是个冷漠无情的父亲，他也非常疼爱自己的女儿。女儿都十岁了，还搂在怀里逗她玩。可是，到了练功场上，就是“阵前无父子”了。李茂春教女儿散打，也同样是一丝不苟。他喂招，让女儿打；女儿喂招，他打。都要放开劲打，不能留情。一个十几岁的姑娘也练铁砂掌，练完了用药水洗手，洗完手又软又滑，第二天接着练。和师兄散打也动真格的，有一次一掌打在师兄胸脯上，五道血手印。

《选辑》第220页记述了李文贞随父习武的情景：“我随父亲习武，首先是接受严格的基本功训练，而后是学习拳术、器械的套路和攻防格斗的武技，还要听父亲讲解功力的道理。所谓‘拳不离手，曲不离口’。一年三百六十五天，寒暑无间，每天都要练十几个小时的踢、打、摔、拿、击、刺诸功夫。只要我肯练，父亲就步步紧盯，把着手教。他教学中有几句口碑，可以说是武术教学的一条经验，‘不得其门而入，不得其门而出；不得真传，枉费辛苦劳力；差之毫厘，失之千里’。”

李文贞说，父亲因材施教。对男徒弟，身材短粗的，教地躺拳、地躺刀、地躺刀加鞭、戳脚等；身材高大的，则传授大刀、大杆子、大戟、锤等。光是锤，就有金爪锤、紫金锤、擂鼓瓮因锤等。对我这个女徒弟，重点授我太极十三剑、飞虎拳、绵掌拳、形意拳、穆英棍、钩、刀等。

李茂春这些东西，不都是跟王绛云师父学的。当时江湖上兴串东西，互相看好了，你的东西教我，我的东西给你。有时把学来的东西加以改造，融入自己的风格，形成一套新的东西，太极十三剑就是一例。

李文贞小时候一边练功，一边还参加一些表演、鬻艺活动。有一次和师兄表演对刺剑（两人攻防的剑术套路），获得观众热烈喝彩和行家赞许。那时小文贞还自己到南市去下场子，一天能收入两三块钱，回来全部交给父母。在她八九岁的时候，李茂春的一个姓张的朋友在天津李状元的公馆里教少爷练拳。李状元八十大寿，那个姓张的朋友问李茂春能不能让侄女（指李文贞）去表演一下。李茂春同意了。表演是在亚细亚电影院。他们为了卖座，还有很多练武的人都去表演。第二天大公报馆就把这个消息登出来了，说李亚男小姐表演如何精彩。李文贞原先叫李亚男，意思是压倒男的。李茂春去世时，李文贞十六岁，下面还有一个妹妹和两个弟弟，分别小文贞五岁、八岁、十二岁。两个弟弟还没有个正经的大名。朋友们说，干脆一起起名，叫李文贞、李文兰、李文起、李文盛。李文贞更喜欢另一个名字：李华敏。她还问我们："是不是李华敏好听？"我们说还是李文贞好听，她笑了。我们问："听说你去演出，你父亲生气了。"她说："没生气，父亲同意的，朋友相托，无可奈何。李状元家还有个小姐，很愿意和我在一起。表演完后，请吃西餐，一道菜一道菜地上。我第一次吃西餐，不习惯，又不好意思，没吃饱，回到家里又吃了两个韭菜盒子和两个鸡蛋。"没过几天，张姓朋友又来请文贞去教小姐武术，李茂春就不答应了，说侯门官府不是我们呆的地方。

朋友们劝李茂春应该让女儿念书，再不济，也应该把女儿留在家里，学点针线活，学点当家的本领，将来找个好女婿。为嘛要让女儿去“跑马解”、当“女斛斗”？李茂春领女儿演出，并不是为了钱。许多朋友到家里来，都是管吃、管住，如果有困难，还送些钱。李茂春的确是想把女儿培养出来，发扬光大中华武术。李茂春说：“跑马解就跑马解，不偷不抢、不坑骗、不为非，自爱自重，自食其力，何谓低贱！”他教育女儿不攀高枝，也不伤人。对外人，总是不卑不亢，有礼貌。这些经历，对少年的文贞来说，不仅提高了武术技艺，更是锤炼了她的独立能力、不怕豪强的刚烈性格和勇于克服困难的意志，这对她度过父亲去世后坎坷的青、少年生活以及以后的成长都起了重要作用。

父亲死的那年，李文贞才十六岁。李茂春看着一家人，只说了一句：“太小了。”李文贞说，她从小就是个操心的命，十四五岁就懂事，知道父亲的心思。小文贞说：“爸爸放心吧，我一定把两个弟弟带大，让他们念书。”

祸不单行。父亲刚去世不久，天津又闹大水，十六岁的李文贞背起刀枪，领着母亲和妹妹、两个弟弟来到北京天桥鬻艺。在北京天桥卖艺，不是练得好就能行，多亏父亲的朋友帮助。天桥艺人中有个叫蓝富贵的，练形意拳，他把自己的场子和上座率最高的时段都让给李文贞，还对观众们说：“这是‘霸州李’的女儿，家乡发大水，一家五口才来这里卖艺，希望大家赈济她们娘几个。”当时普通卖艺人都是在生存线上挣扎的，蓝富贵此举，让人知道什么是江湖正气，什么是武德，什么是真正的朋友！

大水退后，李文贞一家又回到天津，开始了凭本事养家糊口的苦争苦斗鬻艺生活。旧社会卖艺人除了自己本身的辛苦劳累外，还要受到恶势力的欺负。

有一天，李文贞刚演出完出来，碰上一个人用锯把帐篷锯了个口子，帐篷堆下来半截。李文贞与他争执起来，那人极其蛮横不讲理。帐篷里的人都出来了，那人想溜，嘴里还硬，说明天找来算账。有人认出这人是在日本宪兵队做事的中国人。大家怕吃亏，劝李文贞躲一躲。李文贞说，对卖艺为生的人，躲就是砸了饭碗，要挺起腰杆跟他们斗！于是，第二天，李文贞一班人把所有的刀枪剑棍都摆出来，“斧子把”摆成一排（“斧子把”是练功用的木棍，一头大、一头小，像斧子把）。果然，第二天来了一伙人，占了场子，领头的身穿马褂、脚蹬军靴。他们一来，李文贞一班人开始练对打，那是真打，玩命地打，就是让他们看看，谁敢来，就跟他们玩命。这下可把这伙来闹事者镇住了。这时经人调解，平息了此事，以后再也没有发生。

已逾古稀之年的剑照

李文贞自幼经历的锻炼和父亲的教导，给了她一身正义感和胆气，还有超人的功夫。一个深秋的傍晚，李文贞演出回家，在路上遇到三个日本兵纠缠一个小姑娘。小姑娘是个卖香烟、洋火的穷人家孩子，比当时的李文贞还小。李文贞没加思索，上去就去救人，和这三个日本兵交起手来。李文贞的铁砂掌用上了，当时也不知道打成了什么样子，打开了三个日本兵，拽着小姑娘就跑。那时的天津小道多，天又黑，两个人环境熟，东转西转就不见人影了。第二天，日本人贴告示抓人，到哪去抓？人都没看清。

天津解放，天地重开。李文贞用血和汗水浇灌出来的武艺之花绽放开来。1950年，多次为“抗美援朝”义演，为在中国举行的世界青年联欢节表演，1953年在中南海怀仁堂为中央领导演出。在怀仁堂表演，练的是飞虎拳。那次演出，弄得很紧张，也很有收获。就要轮到李文贞上场了，负责现场组织调度的是国家体委吴江平，此人还是个老红军呢，突然气喘吁吁地跑来说：“文贞，你的拳要加个劈叉！”李文贞一听也急了：“你早干嘛了你！现在要上场了，往哪加？”“哎，你行，你行。”说着连推带送就把李文贞推到前台，幕拉开了。李文贞一边练一边想这个劈叉加在哪？拳快打完了，李文贞一下来个大横叉，和观众脸对脸，定睛一看台下，第三排坐的是周总理、刘少奇、朱德、贺龙、邓小平。毛主席坐在第七排。由于劈叉，人矮了半截，台下的人站了起来，先是总理站起来，后来刘少奇、朱德等人陆续站起来鼓掌。

有一次在中南海表演完了，在机关吃饭，和毛主席同桌。毛主席还问：“文贞，能不能吃辣椒？”我们问李文贞毛主席厉害不？李文贞说：“不，一点也不厉害，没有架子，很和气，就是说话不好懂。总理的话好懂。”

1956年元旦，周总理在北京饭店举行元旦招待会，举办舞会。总理很随和，男女老少都要请一遍。间歇期间，总理说：“文贞，你练套剑给大家看看。”天哪！那是什么场地？是舞场啊，脚下一滑老远。总理发话了，肯定要下场练，而且要练好！事后李文贞用天津话说：“给我脚丫子累得够呛！”真是台上一分钟，台下十年功。李文贞如果没有冰上练拳的童子功，恐怕是难以圆满交卷的。就是那次，总理说：“你的剑练得那么好，把它写成书，让大家照着学。”于是，在原国家体委关照下，与师兄王子章合作，写成了《太极十三剑》一书，1957年由人民体育出版社出版。

1956年李文贞跟随周总理出国访问苏联、波兰等6国。以后也有国家派出的。连跟带派，出国了好几次。

李文贞作为运动员，在历次各级武术比赛中，荣获了几十个冠军。20世纪50年代武术比赛不像现在这样分很多组，每个组别都有各自的冠军。那时是不分拳种、男女老少，拳械算总分，然后按分数多少大排队，从第一名，一直排到最后一名，整个比赛只有一个冠军、一个第二名……就像世界杯足球赛似的。然后再按名次划出块块，分出一等奖、二等奖……例如1957年那次全国武术比赛，经过各地市、省选拔后，到北京参加全国比赛的还有近百人。李文贞获得第一名，刘幼贞获得第三名，我们的师兄李明德获第八名。这个第一、第三、第八，可谓“含金量”十足。当时获得第二名的上海代表队队员胡月祥，他看到大连这里人才济济，随后也加盟到旅大杂技团。

1961年，李文贞由运动员退役后，从事武术教练员工作。

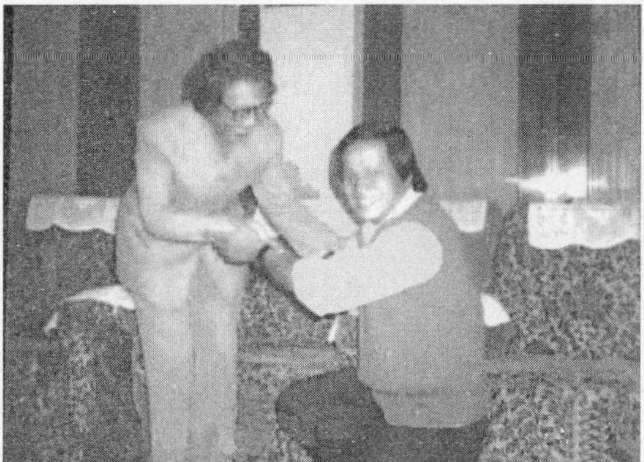

香港著名国际影星——梁小龙

特意寻找他倾慕已久的一代武林名师李文贞

李文贞一生亲手培养了许多人，她所影响的人更多。凡是老一代武术家，没有不知道李文贞的。太极十三剑的扣腿平衡持剑动作，已成为大家熟知的典型动作。全国武术名家王树田教授和全国第一代猴王肖应鹏一提起李文贞，就把那个姿势比量出来。王树田也没忘了刘幼贞，最后总要提到一句："她还有个小徒弟。"1984年香港著名演员梁小龙来到天津，拜李文贞为干娘、师父。梁小龙先生在电视剧《霍元甲》中扮演陈真，武功精湛，尤其是腿法非常出众，已为大陆观众所熟知。梁小龙认为，李文贞是"大力神霸州李"的唯一传人，是当代还在世的一尊武林"真佛"。梁小龙是诚心诚意专门来拜师的，可是李文贞当时并没有答应。李文贞心想，你（梁小龙）有名，可我不认识你，你为嘛来拜我为师？第一次见面没拜成，于是有关组织又搞了一次聚会，这次有准备，梁小龙见到李文贞纳头便拜，记者"长枪短炮"闪光灯闪成一片，于是完成了拜师礼。梁小龙拜师，一时引起轰动，媒体纷纷报导。李文贞培养的学生，有的担任省市武术运动队的教练，有的当上了防暴除恶的刑侦警察，有的成为大学教师、武警教官，还有几个担任国家领导人的贴身警卫员等。难能可贵的是她已到85岁高龄还在收徒弟。收徒那天，原国家体委分管武术工作的副主任、中国武术研究院院长徐才特地赶来祝贺。和徐才同来的还有中国武术研究院副院长张山、中华武术杂志第一任编审昌沧、武术名家门惠丰、阚桂香教授。弟子刘幼贞也赶来祝贺，并向李文贞老师叩首谢恩。本市文艺界、武术界名人也赶来祝贺。

在李文贞的众多优秀弟子中，刘幼贞是佼佼者。她是中华武林百杰之一，中国武术九段，高级教练，武术国家级裁判，中国武术协会委员，原辽宁省武术队主教练。获国家体委颁发的"中华人民共和国体育工作贡献章及证书"。是功力门第四代杰出传人。

刘幼贞八岁跟李文贞习武，十二岁获天津市拳术、剑术第一名。以后相继参加了辽宁省及全国武术比赛，获得第一名和一等奖。1958年至1965年间，随中国代表团访问缅甸、巴基斯坦、朝鲜等国家。多次为周恩来、邓小平、朱德、贺龙等国家领导人及金日成、胡志明、黄文欢、西哈努克等外国元首表演。1972年起，担任辽宁省武术队教练。培养了一大批优秀武术运动员，参加全国少年武术比赛、全国武术锦标赛、世界武术锦标赛，获得三十多个冠军，其中有世界冠军，可以说，比赛所设项目的奖项都拿到了。刘幼贞本人多次被评为优秀教练员、三八红旗手、先进工作者称号。两次应邀去日本讲学。担任各级武术比赛裁判工作，历任裁判长、副总裁判长、仲裁工作和《中国武术段位制》晋段考评评委等职。由于她的成绩卓著，先后被收入《中华武林著名人物传》《当代中国著名教练员、裁判员大辞典》《中国专家人才库》《武坛名人录》等多部辞书中。从世俗观念看，刘幼贞头上的光环是灿烂的、令人仰慕的。刘幼贞珍惜国家给她的荣誉，但是并没有因此而沾沾自喜，她一直关注的是经她培养的弟子们名副其实的功夫。令她欣慰的是，她把功力门的传统精华输入到现代武术训练的大胆尝试和多年的辛勤耕耘成果得到了武术界的认可。现在六十岁以上的老裁判员见到她时常说："现在比赛还是有那么多冠军，但是没有你的弟子的技术。"是的，冠军是赛制产生的，技术是练出来的。

刘幼贞训练队员是把自己练的功力门的武术理念、基本功注入到现代训练中。从功架到手法、腿法、眼法、身法、力度，都有严格要求，并亲自示范，使队员们从老师的整体形象中直接感受什么是"手、眼、身、法、步、精、神、气、力、功"，有民间传统武术师父带徒弟的味道。中华武术是以技击为本质，集技击、健身、观赏、愉悦于一体的独特人体文化，是一项中国传统非物质文化遗产，是祖先留下来的难得的瑰宝。我们常说要继承传统，发扬传统。继承不是复古，发展不能失去矛盾的特殊性另搞一套。新中国成立后，武术界为此探索了半个多世纪。武术发展到今天，套路运动在形式上有了很大变化，尤其是长拳类，无论是场面布局、动作难度、演练速度、造形观赏，都是以往民间武术演练不能比拟的。但是，现在差缺的是手、眼、身、法、步、精、神、气、力、功的功夫。这些功夫，恰恰是中华武术特有属性。离开了这些属性，再好的动作，已经不是武术了。武术界的专家们不是不知道这个矛盾，也许有人认为，速度快了就难以发挥劲力，难以表现身法，甚至他们对武术“功夫”有另外的见解。他们认为现在的跳跃、翻腾也是功夫。可见，如何保持武术的矛盾特殊性、继承传统，将武术的传统性融入到现代体育中，融入到现代人们的生活中，加以发扬光大，是武术界面临的一个宏观研究课题，刘幼贞的经验，也许是个很好的启发。

李文贞近九十的高龄，头脑还是非常清楚，思维一点也不乱。她说：“文状元不嫌字丑，武状元不嫌把式歪。”教人容纳、尊重别人。她还说：“中国武术博大精深，门派繁杂，各门各派都有自己的绝活。不是哪个门派不好，而是习武之人的功夫没练到家。要真正练好就必须从基本功抓起。练武没有什么绝招，只要基本功扎实过硬，再练起刀、枪、剑、棍就方便多了。”李文贞把对武术一生的挚爱之情全部奉献给前来学武的人，老人于2014年9月25日在天津仙逝，无疾而终，享年91岁。

第四节　武术奇才王子章

王子章是李文贞的师兄，是功力门武术在大连的传人，我们称他师叔，习惯上叫“子章叔”。王子章幼年跟父亲王茂田学五行通背，后来跟李茂春学习功力门拳械，父亲还把他介绍给郝明久学习戳脚、翻子，与当代戳脚、翻子大师于伯谦出于同门。王子章学习功力门武术时，只有十岁，却表现出出众的武术天资，深受老师喜爱。李文贞曾说："我父亲喜欢子章，喜欢小孬。"王子章武术基本功、套路、散手，不仅发展全面，还各有超人之处，尤其精通剑术和枪法。太极十三剑、大枪，都是"霸州李"所传。时任大连武术协会主席赵锡金著《大连武术简史》（大连出版社 2013 年）中以王子章是功力门传人为题，大篇幅地介绍了王子章的武术生涯。王子章的武术技艺和风采，影响了几代人。

王子章并不是武术专业人士，但是，他的一生和武术结下了不解之缘。20 世纪上半叶，王子章主要在山东省等地闯荡，多次参加省级、国家级比赛、考试，均获得优异成绩，深受当时山东省主席韩复榘的喜爱和重视。到了 50 年代，全国解放，王子章的工作、生活安定下来，他经常下班之后，来到南山拳坊。那时的南山拳坊是王子章的师兄邓根立掌管。他每次来拳坊，我们都礼貌地招呼一声："来了，师叔！"他就说一声"啊"，便坐下来，看我们打拳。我们都怕他，他一来，大气儿都不敢出，收拾起精神，紧张地投入到练拳中去。王子章也不时地发些指令，有时还下来演示几下。他那手、眼、身、法、步合和为一的精妙、攻防手法的严密、精气神如临其境，都令我们为之一振，大开眼界，极有收获。所以那个时期在南山拳坊练拳的人几乎都受过王子章的指导，也受过他的批评，甚至挖苦，但心里很舒服。我们怕他，不是他这个人厉害，而是武术水平高。练拳时，谁在哪里有点毛病、偷点懒、取个巧，他一眼就能看出来，然后尖锐地指出。所以，只要他来，谁也不敢马虎。王子章在林承君和李明德身上下的功夫最大，他俩的武术水平也最高，是年龄较小的徒弟们崇拜的偶像。师弟模仿师兄的练法，师兄给师弟整理动作。整得严格，学得认真，无形中培养了潜心钻研、精益求精的精神。那时候练拳，并没想到比赛得冠军，也没有什么利益追逐、学生考试加分什么的，只是想把拳练好，想的是武术的本身。例如，任炳义获得1958年旅大市武术锦标赛冠军，1959年高考，本可为自己增加一些被录取的“分量”，但任炳义在报写自愿时并没有写进这个材料，而是凭考试成绩考入北京航空学院（今改名为北京航空航天大学）的。南山拳坊的顶峰期是1956、1957两年。那两年人才最齐整，又正值李文贞和刘幼贞来到大连，她们白天在杂技团演出，晚上来拳坊练拳，让我们看到了李文贞功力门拳剑风采。那时，每天晚上，王子章必到，有时还和李文贞探讨某个动作的练法。邓根立虽然已年近七十，有时也参入进来。例如功力门太极十三剑的拨草寻蛇动作，剑一拨一刺、身法一退一闪，三人练的都是拨草寻蛇，惟妙惟肖，但又都不一样。还有，太极十三剑一路的连续退步倒挂转身马步刺剑动作，李文贞做的是退步左右挂剑，而王子章做的是退步左右拨剑。挂剑中规中矩；拨剑动作幅度小，更容易转身，十分灵巧。他们演练的风格自成体系，各有千秋。

全国著名武术家王子章

师辈们的演练，打开了我们的思路，原来中华武术套路是一种开放性练法。在大格式下，可以练出不同的形式，是一幅张扬个性的艺术创作。直到现在，每当回顾那时的情景，总是令人向往。

王子章对武术的贡献，不限于一家一拳坊。20世纪50年代，应国家体委邀请，参加全国武术调研，收集、挖掘诸多传统武术资料，为后来全国甲组、乙组、初级长拳的刀、枪、剑、棍、拳的编写做了物质准备，并参与创编。担任过第一届全国运动会武术比赛裁判、省市各级武术比赛裁判长工作。王子章是新中国将民间传统武术向现代体育转型的第一代开拓者。

60年代初，国家经济困难，人们难得一饱。即使在那样的三年困难时期，一直到“文革”期间，王子章还仍然坚持对王传远、刘淑玲（后来改名为刘伟）等人的指导，使他们在技术上得到很大提高，成为后来大连武术运动的骨干力量和领军人物。

“文革”期间，大连的武术运动一度中断。70年代后，大连市体委开始复兴武术，请王子章担当业余体校、大连市武术代表队教练，后来又被辽宁省请去指导省队，王子章获得继续发挥光和热的机会。这个时期，他培养了大批优秀武术人才，仅与南山拳坊有亲缘关系的就有王宝智、陈德才、谭霖等。

王子章老师在业余体校指导学员

后排左起第三为陈金玲

王子章的基本功是全面的，尤其以腿法见长。据受过王子章亲自指导的陈金玲回忆，王子章在大连业余体校执教时，有一次集训，正值盛夏，在炽热的阳光下让队员们绕着400米跑道跑步，队员们有些懒散。他坐在跑道边，也晒着太阳，两只腿盘在脖子后面，看着队员。那时王子章已经六十多岁，队员们看了都惊呆了。柔韧只是身体素质，而传统练功看重的是应用，也就是常说的“好使”。王子章的腿法简直是奇妙，他的“胸前挂印”就是“绝招”。我们早就听说师叔的“胸前挂印”如何厉害，还用这招打过擂台。但不知道什么是“胸前挂印”，更不知怎么个厉害、怎么个练法。记得1957年秋天的一个晚上，下着小雨，来拳房练武的只有任炳义、程远信、任炳礼三人。这时王子章来了，他看到拳坊人少冷清，就走到三人跟前，显示了他的“胸前挂印”：一起脚就停在程远信的胸口前，嘴里说：“踢不踢由我，踢不踢由我！”当时没看清他的腿是怎么提起来的，只觉得在眼前一闪脚就上来了。打那以后，程远信暗自下功夫练腿，功夫大增，高中毕业由学校保送到北京体育学院武术系。20世纪60年代的体院武术系，运动水平极高，基本上处于国家顶级水平。在那个武术人才汇集的地方，程远信的水平也是拔尖的，与现在仍活跃在武坛上的门惠丰、马春喜等人同被选拔为体院表演队成员。

虽然那次有幸看到了王子章的演示，但是，我们的好奇心并没有完全满足，后来问师兄林承君“师叔用胸前挂印打擂”是怎么回事。林承君跟随王子章的时间最长，聆听的教诲也最多。林承君说：“民国期间，在青岛打擂。上场了，对手突然提出抗议，指着王子章的手说有暗器，应该取消资格，对手可不战而胜。大家一看，确实王子章的左手戴了一枚戒指。当时戴戒指很普遍，检录人员也没注意。对手不说是戒指，说是暗器。这时场下哄闹起来，王子章自己一时不知怎么才好。但是他很快冷静下来，当场大声宣告：不用左手。只要左手一动就算输！场下又是一阵喧闹，两人都下不了台。于是交手，王子章右手一引，提起一腿，将对方踢到台下。这一腿就是'胸前挂印'。"若干年后，我们问了王子章本人，是否有这回事。王子章含笑点了下头说："对方是打西洋拳的。"

"是蹬出去的吗？"

"不是，是点腿。"

我们明白了。蹬腿能把人踢伤，而点腿用的是全身的展开变形，容易点在对方胸部，有向前、下压的整体劲，是长劲，容易把人发出去。

"师叔，你的'胸前挂印'是怎么练的？"我们得寸进尺。

"对着墙练。你师爷对我要求很严，必须每天练，不踢到一定数量不算完。"

对练过武术的人来说，点腿并不稀罕，但是，要练到如此功夫就稀罕了。世上本没有绝招，招是练绝的。

王子章练武注重功力，这也是功力门"无功不力"理念培育的结果。他常说，你的招再好，打上去像个棉花团，没有威力，有什么用？王子章身材瘦高，戴副眼镜，很是斯文，没有人能看出他有多大功力。拳坊有两根大杆，长丈二，就是当年李茂春抖断的那样的大杆。我们拿起大杆，沉甸甸地，又长又重，常拿它练力量，练整劲。抖完大杆，再练花枪，就觉得非常轻松。一次，王子章拿起大杆抖了几下，大杆在他手里就像面条一样，真想象不到他的手腕那么细，却有如此大的功力！

练枪必须抖大杆。王子章的枪术也是很高明的。民国时期，全国举行比武大赛。王子章经过层层淘汰赛，最后进入前四名，比器械。对手持枪。听说对手是北京人，本来就以枪术见长。而王子章的剑术更好一些。拳谚道："一寸长，一寸强。"尽管还有"一寸短，一寸险"的说法，但是，真的打起来，短器械还是吃亏。所以，王子章也持枪上阵。王子章对我们讲述了那次比赛。他说，比赛时，把枪头取下，蘸上石灰粉，数点数定胜负，三战两胜。当时比赛是立了生死状的，万一失手造成人员伤亡，自己负责，与比赛无关。两人上场，各持中平枪，伺机进攻。但是，两人都是高手，中平枪一端，谁也没有破绽。那时规定一分钟一场，两人相持，都没敢动。一分钟到了，第一场敲锣结束，平局。第二场又是这样。大会规定，如果再是平局，两人一起下。第三局开始，对手仗着一点优势，瞅准一个机会挺枪便刺，真像说书那样，说时迟，那时快，王子章趁势一个"拿枪"，顺势滚进，一枪刺中对方胸部。对手失去了比赛能力，决出胜负。武侠小说常说点到为止，实际比赛时，神经高度紧张，分寸是很难控制的。

进入决赛时，王子章由于不会摔跤，吃了亏，得了全国亚军。回来后，他又狠练了一阵子摔跤。

说到练套路，王子章练套路简直就是一幅完美的艺术作品。

王子章练套路，他的一招一式，简直就是在与人过招。套路动作的变换，就是在变换招式，开合有度，左右逢源，身心完全融入到实战环境中，没有一点刻意造形的痕迹。现在的武术套路演练被批评趋向体操化，大概就是因为他们只是在完成动作本身，缺乏武术特有的性情气骨。这样，即使动作再所谓的美、所谓的难、所谓的规范，也只是动作本身而已，使人总觉得缺少武术的味道。正如清代贺贻孙在《诗筏》中所说："盛唐人诗有血痕无墨痕，今之学盛唐者有墨痕无血痕。”武术的美，不应只表现它的形式上，“有墨痕无血痕”；相反，应该否定它的形式而突出武术的性情气骨，得意而忘形，“有血痕无墨痕”。王子章的套路演练，就是“有血痕无墨痕”，貌似随意，实则精粹。

王子章最为突出的是身法，其缩、小、绵、软、巧的表现尤为精巧。进击时，身体一缩缩成一点，好似缝里钻进；一开，展成一片，大有覆盖对吞之势。可谓放之则弥六合，收之则退藏于密。起初，我们只是单纯从技术角度欣赏王子章高超精妙的技艺，手法严谨，机巧灵敏……后来才领悟到，王子章的这种身法实际是对拳术规律深刻理解和驾驭后的自然发挥。我们可以从《庄子·养生主》讲的《庖丁解牛》故事受到启发。该故事说的是庖丁为文惠君杀牛，能把杀牛这样一个血腥野蛮行为，表现得像《桑林》舞蹈那样优美（“合于《桑林》之舞”）、像《经首》乐曲那样悦耳动听（“乃中《经首》之会”）。文惠君于是问：“嘻，善哉！技盖至此乎？”（啊，妙极了！技术怎么能达到这般的地步？）庖丁放下刀回答说：“臣之所以好者，道也，进乎技矣。始臣之解牛时，所见无非全牛者；三年之后，未尝见全牛也。方今之时，臣以神遇而不以目视，官知止而神欲行。依乎天理，批大却，导大窾，因其固然。”意思是说，庖丁追求的是道，远远超过对具体技术的追求（“道也，进乎技矣。”道，可理解为天地万物的总根据、普遍规律。进，即超过。是说对道的追求超过对技术的追求）。开始杀牛时，看到的是全牛，现在，只用心领神会而不用眼睛看，器官的功能全在心神中发挥。顺着牛身上的自然纹理，劈开筋肉间的间隙（批大却，却，即间隙），顺着牛的自身结构用刀。

庖丁开始看到的是全牛，说明没看懂；后来看到的就不是全牛了，他感知到的是牛的自然纹理，看懂了。然后，抛开经验和心智，凭心领神会用刀，说明不仅看懂了，而且能驾驭杀牛规律，便有如此的高超技艺。庖丁说，一般屠夫一个月就得换一把刀。好的屠夫，也得一年换一把。而自己的刀用了十九年还像新的一样。庖丁解牛的高超技艺源于对道的领悟。

王子章的套路演练，也正像庖丁一样，心目中所假定的对手，不是具体的一个人的实体，而是眼前闪出的间隙和空当，“依乎天理，批大却，导大窾，因其固然”，循隙得间，直入要害。王子章练套路，主体是他的心灵，而不是套路这个东西；是一种心理体验，而不是去遵循套路的规定。他置身于思想上虚构的幻化境界中，人好像进入一种清澄飘渺、虚空无垠的宇宙空间中尽情遨游，任意驰骋，无拘无束，无牵无挂。在这种心灵的体验中，如入无人之境。人与拳、拳与道为一，与天地为一，达天人合一之境界。我们看他练，不由自主地被他那对拳道的理解和出神入化的表演所陶醉，而不再关注他的一招一式造型的小巧上。他表现出的美是超越形的大美。以前，我们总觉得王子章练拳似乎没有规矩，一样的东西，他却练出不一样的东西来，自由发挥，而且发挥得那样合理、那样精妙、那样美。我们的大师兄们一说起“子章叔”，都会发出由衷的赞叹：“太美了！”其实，这是一种高度的涵养，达无心成化的境界。这是王子章对于武术总规律的深刻理解和驾驭而后获得的一种创作的自由，是对武术文化的把握后的符合逻辑的发展。经王子章的发展，使得功力门武术套路演练从一门技艺上升到一幅艺术作品，是一幅完美的艺术创作，具有很高的、独特的审美观赏价值。我们今天在探讨武术美学问题时，王子章的武术演练美学实践或许可以提供一些帮助。

第五节　南山拳坊功力情

当年“霸州李”在大连传授功力门武术，是在南山拳坊进行的。经过几代人的传承，这门武术在大连已经生根，并继续传播下去，颇具影响。

南山拳坊由王茂田创建（赵锡金《大连武术简史》第 17 页、18 页）。王茂田也是河北霸州人，与李茂春是老乡。王茂田欣赏李茂春的功夫，在李茂春来大连期间，将李茂春请到南山拳坊教功力门武术。当年南山拳坊习武者有几十人，其中佼佼者有邓根立、王子章、赵佩起等。

中国著名武术家邓根立老先生

不久，王茂田将南山拳坊交给徒弟邓根立。邓根立执掌南山拳坊几十年，直到去世，授徒众多，培养了大批武术优秀人才。邓根立以授拳为职业，却没有市井之气。我们这里有不少人因家境困难而免费学武的，如任炳义、程远信、任炳礼等。如果没有邓根立这一无私奉献，也许许多优秀的苗子会半途夭折。他们从心里敬重邓师父，所以称“师父”，而不是“师傅”，就是坚守“一日为师，终生为父”的信条。

邓根立对大连武术事业发展的贡献是巨大的。他团结同行，继承传统，创编套路，培养人才，在大连市留下很好的口碑。

南山拳坊教学内容中，有很多拳械套路来自功力门，如飞虎拳、六家势、小花刀、太极十三剑、双钩、枪、棍等。这些套路都曾在全国武术比赛中产生过很大影响。如林承君的太极十三剑、姜云甫的飞虎拳、赵忠煜的六家势曾在武术界名震一时；潘清福因精彩的小花刀演练而在武术界获得“辽宁小花刀”的绰号和美誉。

邓根立先跟郭金庸习燕青门，后跟王茂田习祁家（少祁）通背（后来由王茂田发展为祁家长拳，例如三十六手、四平拳拳术套路），又跟李茂春习功力门。王子章先习家传祁家通背，后跟李茂春习功力门，又跟郝明久习戳脚、翻子等，都有“带艺投师”的成分。他们先是学习继承各门派的技艺、风格、特点，然后不可避免地、有意无意地在自身上综合，博采众长，形成自己的风格。所以，南山拳坊向后人传授的，实际上是几家拳术融合的精华。例如，在功架、调气方面主要是通过燕青门著名的“燕青架子”站桩练功的，而燕青架子又揉进了功力门的裆胯功。在套路演练上，既有燕青门的功架扎实，又渗透了祁家长拳的劲力透达、干净利落的拳风和功力门宽大舒展、附身抓地走下盘功夫。南山拳坊要求从腿法到裆胯，再到上肢，上中下三盘合一。祁家长拳的三十六手，上十八手主要是上肢手法，下十八手主要是腿法，踢腿必须在俯身坐盘或矮桩姿态下踢出，不可起身。这一练法，也渗透到其他拳械中。对套路演练的追求，不仅在于架势规整、手法严密，而且看重是否劲力充沛，是否有自内而外的整合劲、爆发劲，始终贯穿着功力门“力由功出，无功不力”理念。所以，南山拳坊教出的拳械基本功、套路、散手，无不具有三家的印记。人们常说的“南山武术”，实际是三家拳术综合体的统称。这种综合，不是混合，而是归一，造就了南山拳坊的独特风格：功架严整扎实，却不失闪展腾挪之灵气；动作舒展大方，却不丢手法变化之严谨和精巧；劲力充沛透达，又不失缩小绵软巧的柔化、圆巧；眼神含蓄而不失犀利，收放变化，皆由心出；腿上功夫，既柔韧，更讲究快速、有力、实用。1957 年李明德等人代表辽宁省参加全国武术比赛期间，清晨起来溜腿，就博得其他省市代表队的赞美：“东北的腿法太好了！”

南山拳坊培养了许多高水平武术英才，其中年龄最大、资格最老的是邓福财。邓福财是邓根立的亲侄子，自幼习武，师从孙禄堂、李玉琳学习形意拳、八卦掌。跟李玉琳的时间最长，与李玉琳的儿子李天骥是师兄弟。曾与李天骥在天津为当时的抗美援朝义演。1953 年随旅大杂技团参加中央慰问团到朝鲜为中国人民志愿军演出。邓福财无论从武术资历，还是年龄，都应该是我们的师辈，但由于是邓根立的亲侄子，在武术辈分上不能与叔叔同辈，所以降了一辈。师兄们都叫他福财哥，十几岁的孩子，年龄与他相差四十多岁，也叫他福财哥。他一点架子也没有，总是笑着回应，十分和蔼可亲。邓福财会的东西很多，知道的东西

著名拳师邓福财先生赴朝慰问表演双剑

著名拳师邓福财与著名武术家李振明表演对刺剑
右 邓福财 左 李振明

也多。师弟们有不知道的拳理、拳法都去问他，他总是知无不言、言无不尽，还夸奖他们用心钻研武术，如何如何。邓福财1970年走五七道路。1972年根据市革委会主任刘德才司令员指示，创建大连艺术学校，邓福财从农村调回，任艺术学校武术教练。1974年其学生代表大连市成年甲级组参加“文革”后首批辽宁省第二届武术运动会武术比赛，分别获：对练第三名（单刀进枪）、棍术第二名。邓福财一直坚持在民间免费传授南山武术，弟子众多，是20世纪70—80年代初大连地区规模最大、人数最多的一支业余武术队伍。一到周日，近百名青少年习武的景象成为当时大连中山广场一道靓丽的风景线。

20世纪50年代，南山拳坊涌现出一大批武术天分很高的学员，在我们看来，可以说是精英。如：林承君、李明德（李林）、赵忠煜、姜云甫（姜云）、潘清福等。林承君的太极十三剑，功架之扎实、剑法之清晰、劲力之饱满，就是一向眼光很高、要求极严的王子章，也常常夸奖他。李明德多次代表辽宁省参加全国级别比赛，均获第一名和一等奖。有一次比赛获奖，荣高棠代表贺龙元帅给他颁奖，对他说：“你这么小就练得这么好，将来可不得了。”潘清福、赵忠煜以精湛的技艺被辽宁省体委看重，调到省体委从事武术专业工作，在各自岗位上取得了骄人成绩，教了众多子弟，获高级教练职称。师兄们的精湛武艺，影响了后来的师弟。师弟以师兄为楷模；师兄给师弟整理动作，要求十分严格。就这样，一批带一批，直到20世纪50年代中后期至60年代初，培养出很多技术优秀的人才。例如，被收入《大连武术简史》中的任炳义，青少年时曾荣获旅大市武术锦标赛第一名和北京市高校武术锦标赛全能冠军。此后一直坚持武术业余教学和理论研究。连任三届中国体育科学学会武术分会委员，曾任四川省武术协会委员、成都市武协常委、成都市武侯区武协主席，获四川老年大学终身荣誉教授称号。自1998年起，被成都体育学院聘为武术系硕士研究生毕业论文评阅人和毕业答辩委员。撰写武术套路本质论文获全国武术学术研讨会大会优秀论文奖。又如程远信，因历届省市武术比赛成绩优异，被大连二十高中保送到北京体育学院武术系，并被选拔到院表演队，为周恩来等国家领导人和四十多个国家的领导人表演。毕业后从事教育工作获高级职称。曾任安徽省武协委员，蚌埠市武协副主席。任炳礼以精湛的武艺和宣传表演，在哈尔滨颇具影响力，载入哈军工校史。宋修宽蝉联大连市1963—1964年武术比赛全能冠军，以优异成绩考入北京体育学院武术系。毕业后从事教育工作获高级职称，并担任市、省、全国武术比赛裁判工作。王传远在1963—1965年大连武术比赛连续获得金牌。“文革”后期任大连市业余体校武术训练班教练、大连民族学院附属艺术学校武术系主任兼教练，多次率队参加省、市比赛，每次均获金、银牌。“文革”后期，受大连市体委委托，参与恢复市武协工作，组织大型武术活动，任大连市武协副主席。邓德庆，大连民族学院教授、原校武协主席、大连开发区武协副主席、全国武协会员。早在20世纪90年代，创办大连民族学院附属艺术学校，在专业设置和专业方向上大胆创新，在武术与艺术的结合上进行探索，在保持中华武术本质特征基础上，充分发挥武术的可表演性功能，以大型舞台艺术表演的专业视角，从表演主题，到服装、音乐、背景等进行探索，创作编导了以武术为主题的舞台大型表演节目《龙之韵》，获大连市政府“群星奖”舞蹈比赛金奖第一名，辽宁省14城市舞蹈比赛金奖第一名，并参加全国“群星杯”比赛。退休后从事社会武术教学工作和理论研究，在《中华武术》杂志发表多篇文章，颇有影响。刘伟（刘淑玲）连续几年获大连武术比赛女子全能冠军，辽宁省武术比赛女子组冠军、全国女子拳术第三名。文革后期，任大连市体校业余武术队教练，后来调入市体育馆任武术教练。受大连市政府指派，多次到日本教授太极拳，引起轰动。60年代之后，南山拳坊又培养了王宝智、谭霖、陈德才等一大批后起之秀。他们的父辈都是邓根立的徒弟，可谓武术世家。王宝智在恢复高考时考入沈阳体育学院，现任大连理工大学副教授、硕士生导师，率队参加大连市武术比赛获多枚金牌。勇斗歹徒，获大连市政府颁发的“斗歹徒勇士”称号。多次受日本加西市邀请教授中华武术，参加东欧六国金牌讲师培训班教学活动。谭霖收徒百余人，多人取得前三名的好成绩。他的“谭霖大连一条鞭”在省市颇有名气。陈德才毕业于北京体育大学，任大连市青少年宫武术教练，特级教师。培养学生5000余人，为国家级体育院校及艺术团体输送人才120余人。多次被辽宁省、大连市评为优秀教练员和先进工作者。

现在，随着南山拳坊弟子在全国的分布，功力门武术也随之走出大连，四川成都、安徽蚌埠、广东广州、辽宁阜新、锦州等地，均有功力门武术的传授。

第二章　功力门武术理念与技术特点

第一节　力由功出、无功不力的功夫观

功，表征身体素质和能力。对武术而言，包括桩功、腿功、腰功、裆胯功、臂功、柔韧功、翻腾功、跳跃功、硬功、内功等，其中有力量型、功架型、灵巧型、跳跃型、翻腾型、地躺型……外延意义非常广泛。对习武之人，每种功夫都十分重要。所以，功夫，历来被武术界所重视，有“练拳不练功，到老一场空”之说。在这众多的功夫中，功力门更看重功力，即由功练出力，旗帜鲜明地提出“力由功出、无功不力”理念，并贯穿于整个习武实践。从王绛云单臂掀重车，到霸州李抖断涨把大杆、李文贞的铁砂掌，无不透射出重功力的武术理念。套路演练除了姿势正确、手法清晰外，还必须表现出各方面的功力，尤其是内在的功力。

由功练出力，关键在于练气。由气催发的力，是内力。这里说的“气”，是体内的一种能量，是人体的生命力。它与呼吸的气不同，但运用在拳术上两者又是相互联系、相互配合的，形成内外合一的人体能量。有了这样的能量，既能打击对手，也能抗击被打。前面说过李茂春在上海棍打在身上，棍断了，身体还毫

发未伤，就是气起了作用。所以武术界把高深莫测的中国功夫只总结为“外练筋骨皮，内练一口气”两句话。

内练一口气，不仅是传统武术技击能力的需要，也是养生健身的需要。中医学认为，人体内血液流通是靠气来催动的。内气充足，动力充足，血液循环顺畅，尤其能改善微循环，这对改善亚健康状况是非常有益、非常现实的。

练气，各门派可能有不同练法。功力门大体是从松、软、顺、沉等要素入手的。松才能畅通气血；软才能使无往不利；顺才能使劲力整合、沉才能使劲力贯入。这一切，都是气的表象。经过上述的长期练习，气渐渐积累，集柔成刚。例如汽车轮胎，气不足则疲软，气充足就刚硬。刚柔是气的特性。由此拓展开来，许多武术技艺，例如缩小绵软巧的身法、收放有度的发力、含蓄敏锐的眼法等无不与气有关。由此，随着功夫的积累，技艺全面精进，渐渐阶及从心所欲。

另外，功力门强调出手要快，要干净，不拖泥带水，必须放松。松才能快，反过来说，出手快，也能转换为力。因为速度快，则动量大；动量大，则冲量大。骤然发力，产生极大的打击力。

通常，实现一项技术目标，其技术途径不是唯一的。松、软、顺、沉等功夫，各门派也会有各自的练法，甚至还有个人的偏好，本书在此不多叙述。

除上述功夫外，功力门也没有忽视硬功的训练，例如李文贞的铁砂掌、李茂春的拍打功等。

说到“内”、说到“气”，可能许多人联想到太极拳，想到内家拳。且不说把中华武术分为内家拳、外家拳本身是否科学还值得研究（究竟什么是内家拳、什么是外家拳，至今也没有严格的内涵定义。著名武术家王子平老先生说过，不要分内家、外家，是什么拳就是什么拳。形意拳前辈宋世荣说，呼吸有内外之分，拳术无内外之别。）就说天下武术是一家，特别是一些基本要素，各流派都是如此，功力门就是一例。“外练筋骨皮，内练一口气”不是指哪一家，而是整个中华武术的理念，是中国传统文化造就的内外合一整体观的体现。

力，即劲力。功力门认为，练拳必须将自己的本力经过一番脱胎换骨的训练，练出整劲、活劲、内劲，这是武术的劲力功夫。

功是基础，力是应用。力由功出，无功不力。功要强，力要大。

整劲，即劲力的整合。所谓“整”，有以下几层含义：身体应该参入到的部位都参入到，没有遗漏；每个部位在总体框架下各自发挥其功力，彼此协调、相互促进；动作、劲力同时到位，而且同时运发到一点上。例如弓步冲拳：后腿蹬，起到发力作用；前腿弓，起到支撑和制动作用；裆胯松沉，起到下盘稳定、灵活、输送劲力作用；扭腰顺肩起到上下贯通作用；沉肩坠肘起到催送顺达劲力作用；颈项上领、尾闾中正起到劲力聚合作用；眼神起到意识引导作用等。所有部位的功能，都要发挥得淋漓尽致、完整一气，不可有步到手不到、手到身不到的散乱。

活劲，即想到哪，劲力就运行到哪，周流顺遂，从心所欲。劲活，则哪里需要哪里有劲，全身处处有功力。各处劲力可瞬间调动到一点，把有限的力量最大限度地集中，达到最大化。武术家没有举重运动员的全身力气，但是能打有那种力气的人，就是因为武术家的劲是整劲、活劲。

内劲，即是以气发出的劲。这里说的气，是在心静体松状态下由意念引导在身体内产生的能量。该能量有整体性、均匀性、流动性，可集中，可分散。练拳练到高水平，完全没有犟劲和拙力。这种劲，不是局部肌肉的收缩发出的身体本力，而是意到气到，气到力到，以气催力。以气催力发出的力是由内向外发出的整体劲，是肌体和意念的有机综合，故俗称内劲。这种力打到目标点，可远放，打长劲；亦可在接近目标点时突然制动、爆发，将身体动量高度集中到一点传递出去，并以极短的接触时间，产生极大的打击力，这种劲即短劲、寸劲。练内劲，必须放松。用内劲，必须松着打，所谓“出手软如绵，贴身硬如铁”。这个“软如绵”，是极松、大松的意思。“硬如铁”，即爆发时陡然一紧，雷霆万钧。无论长劲、短劲，都是如此。

除了从出拳、出掌可看出内劲外，抖弹劲、崩炸劲也是重要的内劲表现形式，它们是由丹田直接发出的内劲、输送到运作部位上。抖弹劲由丹田到手腕抖弹发力；崩炸劲由丹田到身体外表崩炸发力（狮子抖铃或金鸡抖翎）。前者用于远击，后者用于贴身。

有人在劲和力的概念上做了研究和区别，认为力是局部的，劲是整体的等。在历史诸家武术典籍中，有说劲，也有说力，但前提都是以气催发出的内劲、内力。所以，关键不在于劲或力的提法本身，而在于是否以气催发。只要以气催发，无论说劲，或是说力，都是一样的，都是内劲。因此，气是关键要素，而身体的松是练气的物质基础。

由此可见，整劲、活劲、内劲，不是与生俱来的身体本力，而是经过长期的、科学的训练才能获得，所以功力门提出“力由功出”。有了正确的方法，就会有体验；有了体验，就要往强大方向练，由小到大，日久出功夫。桩功、臂功、腰功（包括裆胯）、腿功这些肌体能力，要全面发展，练出过人的功力。

“无功不力”，可以理解为没有武术的功，就没有武术的力。也可以理解为没有什么功不是为了力的。这种理解虽然有些偏颇，但说出了要点。因为武术的功，除了力以外，还有多种功的内容。但由于武术技艺的核心要素是力，所以，传统武术十分重视功力。俗话说：“一力降十会。”招式再好，没有功力，只能是花拳绣腿。实际上，真打起来，没有那么多花样，多用拳打脚踢，往往一两招、几秒钟解决问题，功力就更显重要。功力门强调“无功不力”，不是不重视其他功夫，而是更突出劲力的地位。

第二节　势出必有法、法中见功力的套路练法

虽然练套路重在对拳术理念和方法的体察和表达，而不在于实战，也不等于练功夫，但是，功力门认为，练套路必须表现出功力。对拳意的体察和表达，不仅在于招法的形式上，还必须在形式中贯以武术的精髓，也就是在姿势和手法中融入功力。手法要清晰、准确，功力要顺达、强大。反之，也只有将功力因素融入套路演练中，才是对本流派武术理念的完整表达，而不流入花拳绣腿。所以，功力门强调势出必有法、法中见功力。在上述理念下，功力门练功体现在套路演练上，有以下突出特点：

一、基本功重视裆胯和背部训练

裆胯是下连腿脚、上连腰身的中枢纽带。

裆胯功决定下盘的稳定、有力和灵活。拳谚道：“先看一步走，再看一出手”“步不快则拳慢，步不稳则拳乱”，似乎都是

讲步如何重要。但是，决定步法的是裆胯功夫："裆不沉则步不稳，裆不下则步不灵。"裆胯松沉，桩子才稳，步法才灵；裆胯灵活，上体的身法才有可能充分实现；裆胯有力，运动才有动力。因此，打开髋关节、拉长韧带、锻炼裆胯力量是功力门的一项重要基本功。练裆胯松活和力量的方法很多，仆步就是练裆胯的一种常用的便当方法。仆步不仅是静压，还要悠荡起来——例如仆步穿掌。另外，还有一些负重练习。

功力门练裆胯功夫，还常常结合技击手法一起练，直接和实战结合起来。

老一辈人往往把裆、胯、腰三部分笼统叫着腰，甚至还包括腹部的运转，即所谓丹田。今天的生理解剖学则将三者分开。裆胯和腰联合作用是全身动作的纽带、传力的中枢和某些发力的策源地（如崩炸劲、抖弹劲可直接由丹田发出）。这方面的功夫，除了裆胯的力量性训练外，还扩展为松活抖弹崩炸的劲力训练。

拉开背部肌肉、练背部的弹性伸缩力量以及如何通过脊背发力，是功力门重视的另一项基本功。因为串蹦跃跳、起伏转折、开合崩弹、伸肩探臂的蓄劲发力，无不与脊背的弹性力量有关；而且内在气机也在许多情况下是流经脊背而发力的。以前，民间练功受物质条件限制，采取一些简单方法，例如，倒望银月、硬弓拉弦、仙人作揖、霸王举鼎等。现在借助健身器械和武术训练专用器材，可以更有效地练习背部松活和力量。

与练背部功夫相联系的是压肩。把肩部附近的肌肉、韧带拉开，学会肩部的松、沉、按，与发力的关系甚大；对套路演练的美感、健身意义上的气血舒活也十分有益。

通常，一提到基本功，往往想到腿功、桩功等，这当然是不错的，功力门一点也没有忽略这些功夫。本书不是全面阐述武术基本功训练，而是特别指出裆胯和背部训练，是为了把它突出出来，对它的重要地位予以足够重视。

二、动作舒展宽大是为了把劲放出来打

通常，把动作的舒展大方和姿势优美联系起来，尤其是套路演练，更是如此。功力门认为，动作舒展大方第一位的不是为了姿势优美，而是为了把劲力放出来打。动作舒展大方，有利于舒活肌腱，疏通气血，引伸劲力，最终练的是劲力，好看是它的副产品。武术的本质是技击，技击的核心要素是功力，动作舒展宽大是功力训练的需要。

动作向大的方向做，尽量做得舒展，舒展的限度是保持内气不散，弹性力不懈。在内，是气；在外，是肌体的弹性力。不散不懈，则必须内气充盈；内气充盈，则精神饱满；精神饱满则反应灵敏，造型更为壮美、舒畅、豪放。得神则昌，其华在面（面部表情光彩夺人）。大而不散，气血畅通，美在其中。但是，如果动作过大，过于追求动作舒展大方、以至于不能保持内气充沛和劲力饱满，则失去了充实。这不仅失去了武术本意，也失去了武术特有的美感，成为一个空架子，于健身也是无益的。

动作舒展不仅体现在长劲上，而且短劲、寸劲也是如此。发短劲、寸劲，看起来与舒展不是一回事，但是，短劲、寸劲也是调动全身质量、以极快的速度、极短的碰撞时间发劲，神气舒展，意念引向远方，这样，不但力量强大，而且有穿透性。因此它是另一种把劲放出来打的形式。

中华武术讲先练开展，后练紧凑。功力门认为，开始往开里打，是为了把劲力放出来，这是一种功夫；有了开展的功夫，要

往紧凑上练，在很小的动作幅度下也能把劲力完全打出来，是更高的功夫。所以，紧凑是在舒展基础上的紧凑，是在全身松活基础上的紧凑，是劲力顺达的紧凑。这个紧凑，表面上动作幅度小，那只是手臂挥动的幅度小，而身体的开合、吞吐、鼓荡、伸缩、拧扭、折叠，手眼身法步的合和，气的鼓荡，一点也不省，甚至有过之而无不及。练紧凑，从某种意义上说，是练身法、用身法；练内气，用内气。以气催力、以气催形。所以，紧凑不是拘谨，而是另一种意义上的舒展。这个舒展，更多地体现在内在的功力、精巧的身法以及表现于外的严密手法上。由此产生的健身价值，不仅在外，更在其内。传神写照，不仅在眼，亦在全身。因此，其传神是逼真的、韵味是生动的、意境是深远的，处处体现武术的美。这美，是力与形结合的美、是内与外相熔的美、是大美。大美，主要不在于它的形式，而是注重它的内涵，大美无形，富有武术特有的观赏性。作为人体文化的武术，其技击本质、健身功能、审美价值本身有它们的共通性，所以才能融为一体。由此，从武术发展看，在不失武术技击本质前提下更深刻地挖掘其健身价值和审美价值而不流于一般的身体锻炼，是研究和推动武术发展、焕发武术生命力的又一重要课题。

先练开展，后练紧凑是对修炼进程而言。当练出一定功夫后，当开展则开展，当紧凑则紧凑，完全根据练功和套路演练需要而定。像李文贞练飞虎拳那样，忽而俯身抓地，忽而旱地拔葱；紧凑若鹞子束身，开展若大鹏展翅。练套路如同写文章，淋漓尽致地把要表达的思想表达出来，准确、深刻、生动，而且有想象力、创造力。武术以形象为载体，又不拘泥于形象；要突破有限的形象，超越理性的概念，达到神妙的境界。

三、腿功重在踢腿突发、快速、有力

功力门练腿功，首先是压腿，进行柔韧性训练，这是腿功的基础，也是大多数武术流派的共同做法。功力门更强调踢腿，尤其是在柔韧性达到一定水平后，更注重踢腿训练，讲“三分压，七分踢。”踢腿要快速、有力，力点准确，而且在任何姿势下都能把腿踢起来。例如，在坐盘、弓步和其他任何姿势下，都能在不起身情况下，突发一腿，干净、快速、有力。功力门也讲究腿踢得高，但这高，必须实用，而不是单纯地把腿“摆”在那里。

功力门的腿法比较全面，有直摆形、伸屈形、击响形腿法。直摆形腿法有迎门腿、挂耳腿、背后腿、十字腿、摆莲腿、里合腿等。伸屈形腿法有正蹬腿、正弹腿、侧弹腿、侧踹腿、后撩腿、点腿、挂腿、铲腿等。击响形腿法有正弹腿击响、摆莲腿击响、二起脚击响等，旋风脚也应属于这类腿法。

与腿法相联系的跳跃动作，功力门也很有特色。例如，旋风脚、转身摆莲腿、二起腿等，都要“旱地拔葱”，脚下一碾，原地拔起，不允许借助预摆动作借力起跳，更不能助跑；跳起后双脚腾空。功力门的这一要求，完全是从实战出发，原地突发，不失时机，须练出强大的爆发力。李文贞的旋风脚曾名震一时。

柔韧是基础，踢腿是应用；基础是训练，应用是目的；直摆性踢腿是基础，伸屈性踢腿是应用，击响则是训练爆发力，力点准确，要求击响响亮、清脆、有力。功力门训练，不论练套路，还是练散手，都恪守这一原则。练为用，好用就好看。在套路的进行中，突然发出干净、快速、有力的一腿，常常给人清新、酣畅、阳刚之气的快感。

四、手法干净、麻利、快，注重腕力

功力门要求手法准确、清晰、纯正，没有多余动作，而且透出功力。不仅像冲拳、劈砸这样大的动作发力要雄沉、快速、有力，即使一个勾拨、刁腕小手法，也要做得精巧、敏捷、干净。霸州李的天津话就是“干净、麻利、快”。

手法上的功夫，一定连着整个身体各部位的放松和协调。劲力是自脚到腿、腰、背、肩、肘、腕，一节一节传递到手上的，其中尤其以肩的松沉催发、肘的随转变化、腕的灵活有力对手法的影响最为直接。

功力门在手法上特别重视腕力功夫，要求腕力既灵活又有力。这是一对矛盾，需要专门训练。当年霸州李“双剑入鞘”绝技，用的就是腕力。

腕力在技击上有多种用途。通常说的刁、拿、锁、扣、拍、抖、弹都需要腕力。功力门剑术对手腕的灵活和力量要求尤为突出。李文贞、王子章训练弟子们拳术和剑术，十分严格地训练腕部的灵活与力量，有时批评徒弟们腕子太死。

功力门还有一种手法是兜腕，即手腕向里一兜，技击含义是搧打对方头部，如虚步亮掌：挂开对方来手，回击一搧，力量在目标点上爆发。从套路演练看，由于亮掌之手与另一勾手的对拉撑力，有助于定势的稳定，加强节奏感。剑术亦是如此。例如功力门太极十三剑的古树盘根：左手持剑下沉，右手剑诀兜腕，两手腕力形成对拉。两手距离相对其他部位最远，平衡力矩也就最大。顺便指出，对为健身养生而练武术的人群，更应注意腕部的锻炼。中医学认为，腕部到手这一部位，与人体心血管系统的养生保健关系最大。民间常说“十指连心”，经常摇动手腕、舒展手指，对心脏保健很有帮助。

五、动作整齐，劲力整合

动作整齐是身体各部分同时到位，一动无有不动，一静无有不静。如果身体一部分到位了，而其他部位还在运动，势必动作散乱，相互牵制，气血不畅。动作整齐，不仅体现在肢体动作同时到达指定位置上，还体现在虚实变化上。当实则实，当虚则虚。如果身体由虚变实时尚有一部分没有变实，则劲力不能整合，仍然认为动作不到位，不能算是动作整齐。例如弓步冲拳，前腿虽然弓出、拳也冲出，但前脚没有踏实，或后腿没有蹬撑的劲力，仍然是不整齐。

劲力整合是把身体各部分的劲力整合到一个目标点上，也就是前面说的整劲。身体不同部位，其发力的性质和方向是不同的，如前面举过弓步冲拳的例子。这些看起来互相矛盾的劲力，是相互依存的。没有向后的蹬撑，就没有向前的发力；反之，没有前腿的制动，就没有后腿的蹬撑力；没有裆胯的下沉劲，就没有强大的冲拳力；没有精神的上提，就没有裆胯的下沉……不仅如此，内在的意、气与外在的肢体动作、劲力也要高度协调，即内外相合。心到眼到，眼到手到，手到劲发。手、眼、身、法、步合一。武术的发力，是这些矛盾的统一体。发力效果，就是这些不同的作用在多大程度上能为一个目标点同时提供正能量。劲力的整合训练，是恰当地处理这些矛盾，把这些因素整合到一个目标上。

动作整齐是劲力整合的条件之一，动作整齐劲整合是内外合一的表现。功力门对套路演练的评价标准之一，就有动作是否整齐、劲力是否整合。

六、注重身法训练

武术身法是身体依据拳势而变形的技巧，如：起伏转折、吞吐沉浮、开合收放、闪展腾挪等，都是身法的表现。其动力来自肌肉的收缩和内气的鼓荡。

身法不仅有助于动作的精巧、顺遂，而且还是发力的直接动力源。例如崩炸劲、抖弹劲，就是直接由丹田的吞吐鼓荡发出的。不仅如此，中华武术非常重视的化劲也主要依靠身法，化劲在身。化劲的理念超越了硬打硬碰的直接对抗，不仅满足于伸筋拔力、气贯周身的内劲，而且追求不即不离、不丢不顶、虚灵空活、变化莫测的境界和精、气、神的高度统一。化劲是武术用劲的最高阶段。化劲在身，将化劲与身法联系起来，身法就是肢体运动的最高层次。例如：功力门太极十三剑鹞子穿林以带剑化开对方来剑、然后缩身钻进、进击，用的就是身法。飞虎拳中的勾、拨、捋、带，不仅用手法，还必须有吞吐含转的身法，才能更有效地完成。身法是考量套路演练水平的重要表征。

功力门在身法训练上，特别提出缩、小、绵、软、巧的一面。因为缩、小、绵、软、巧是身法的难点，也是重点。有了缩、小、绵、软、巧的身法功夫，可以在很小的空间做出复杂的动作，拳打卧牛之地；有了缩、小、绵、软、巧的身法，便能充分蓄劲，从而得到充分发力，崩炸劲、抖弹劲皆源于此，身体一“抖”就是一劲；另外，实现招法的快速、严谨，也要靠缩、小、绵、软、巧的身法，身体一“拱”就是一招。有了这样的身法，太极拳也能练快，即所谓太极快拳。马有清听他的老师吴图南说，杨式太极拳第二代有个快拳练法，260 个动作 3 分多钟打完，这是何等的速度！没有极好的身法是无法完成的。《逝去的武林》一书介绍八卦掌名家程廷华打拳一拱一拱的，想必也是身法。据李文贞说，当年李茂春和恒泰在一起研究拳术，也是在找身法。这些传统练法，现已难以见到，但可以给后人以启发。功力门强调缩、小、绵、软、巧，练的是身体的松活、柔韧、还有十足的灵气。拳谚说“拳打千遍，身法自现。”或“拳打千遍，身法自然”。功力门认为，“拳打千遍”只是练好身法的必要条件，并不是充分条件，它不能“自现”“自然”。因为身法是身体运动的综合性、协调性、内外合一的高层次功夫，必须用心练，用心琢磨，还得有老师指导。如果没有自觉意识，即使拳打千遍，也未必能练出好身法。李文贞常常告诫我们打拳要琢磨。她说自己就常常琢磨。有时候练到一个动作，台下一片掌声，自己也弄不清好在哪里，于是就回来琢磨是怎么回事。她常常琢磨一个动作怎么练才好，精益求精。

功力门认为身法训练是多方面的，各方面都不可偏废，要全面训练。功力门将身法提炼为缩、小、绵、软、巧，抓住了要点，是功力门的一大特色，是对中华武术的一个贡献。

七、传神写照，修养在心

功力门练拳非常重视眼神训练。李文贞少年时半夜被父亲叫起来看香练眼神，直到香燃尽才睡觉，可见功夫不是一般。练拳练眼神，是因为眼睛是传神的主要所在。传神，不要简单地理解为被动的表达，更有它的引领、整合动作和劲力的积极作用。与人交手，眼睛不仅用于观察，还是一种威慑力量。“霸州李”看人能把人看起来。练套路是体察和表达拳意，不仅表现在动作和劲力上，还有眼神。眼神要根据拳意进行虚实、收放、随转、注视等变化，眼领手走，始终处于主导地位。变化时保持中庸之道、辩证统一：放中有收、收中有放；犀利中有含蓄，平和中有集中；劲力的刚柔、虚实、攻防、收放都能在眼神中表现出来。这种中庸之道，不是半斤八两，各占一半，而是有所偏重，但不可偏激。进攻时，眼神随着进取的意识和劲力的发放而放出去，放中有收，惺惺应变；防守时，眼法偏于内敛、含蓄，收中有放，伺机待发，得机便发。这一切，实际是心理活动在主导，反映在眼睛上就有神。眼神是意、气活动的外观表现，而不是眼睛本身的瞪大和眯小。没有意、气的发挥，眼睛瞪得再大，也是“死羊眼”；头转得再灵活，也是“波浪鼓”。另外，眼神所向，必有头部的相应转动以保持眼神正视对手。根据生物力学状态反射原理，头部的转动，必然影响全身运动。所以，正确地运用眼神，不仅是传神，还有使整个动作顺遂协调的作用。斜眼瞄视、偏头旁视、眯眼注视、瞠目怒视，都是应该避免的。功力门教拳必教眼神、练拳必练眼神，探讨和评价演练水平也必讲眼神。

前面说过，李文贞的眼神是半夜看香练出来的。其实，事情并不那么简单。半夜看香，只是练眼睛本身的收、放、运转、集中、分散、犀利、含蓄的变化能力。至于如何驾驭眼神则要在身心修养上下工夫。心主神志。只有修心，才能对拳理有深刻的理解和表达，才能修养品格上的谦和、大度、虚怀若谷，光而不耀；还有坚定、自信，修养一种浩然之气。有了如此修为，才能表现出超人的神气。心主神志，心主神明，是中医学观点。中医学认为，神，指整个人体生命活动的外在表现。如整个人体的形象以及面色、眼神、言语、应答、肢体活动姿态等，均属于神的范围。武术讲的传神，通常指肌体表现于外的形征，即肌体生命活动的外在反映，如面部表情、眼睛运使，以及与此相应的头部转动及整个身体的姿势、动作、劲力等，就是通常说的“神气”。可见，武术动作表现的神气是由多方面因素构成的。只是由于眼睛是传神的主要部分，所以格外提到眼神。

除了眼睛，肢体所有部位都有传神的功能，只要抓住能表现动作意图的典型特性都可以达到传神要求，正如德国哲学家黑格尔所说：“把每一个形象的看得见的外表上的每一点都化成眼睛或灵魂的住所，使它把心灵显现出来。”例如李文贞演练的提剑动作，其传神不仅体现在眼神落在剑身的提剑力点上，而且她的提膝回收、含胸前探、手腕提拨、内气上提，处处传达出提剑招法的提拨防守、防中寓攻的神气，造型十分美妙。

传神还有演练者的风姿神貌、个性和修养。例如李文贞演练套路，面部表情平和、从容、自信、精神上扬，似乎略带微笑，眼睛明亮、精神高度集中；身体各部位的劲力贡献到一点，有明确的指示方向，每一个动作形态都具有强烈的方向性的力量感；其身体构形也非常顺遂、合理，虽是定势，但不是肖像，显现出一种流动的活力、生命力，形成一幅优美、和谐的画面。仔细欣赏李文贞剑术动作的每一幅图，都会品味到这个境界。所以，功力门认为，练拳传神主要在眼睛，但不限于眼睛。传神表现在人体的外部特征，而根源在修养。

实际上，神的含义，还不仅表现在上述物质化的表观上，它还有更深刻、更高妙的哲学意义。只有在这层意义上，才能将武术从一门技艺提升到拳论中所说的“拳无拳、意无意，无意之中是真意”“有形有意皆是假，无形无意始为真”“无为成拳”

“无心成化”境界，才能与这些令人感到十分玄妙的说法联系起来，上升到形而上的哲学高度。

中国古典哲学关于神的论述，最早见于《周易》。《周易·系辞传》曰：“神也者，妙万物而为言者也。”这里的妙是动词，有感知、运用的意思。神有感知、运用万物发展变化的微妙功能。宇宙万物的发展变化是复杂的、分层次的。其中有些已被我们认识；有些可通过思维、推理或经验感识到。但有些还不能凭目前的理性思维、判断、推理所认识，也不是凭经验能感识的。所以，《周易·系辞上》又说：“阴阳不测之谓神。”“不测”，就是阴阳变化不可测度的事物。这个“不可测度”是指有一些正在对我们生活发生影响的东西，按我们通常所用的肢体、心智却不能感识的事物变化，如“天有不测风云”。

对这样一些变化不测的事物，并不是不可知的。《周易》进一步指出，达到“神”的境界，就能感识事物变化的苗头。它说：“知几其神乎”“穷神知化”。化，即变化，宇宙的变化规律。几，是有无之间。你说它有，它未表现出来；你说它无，它又已经发动了。几者动之微。认识阴阳微妙的变化，要从几上看。几再往下发展就成势了。一旦成势，一般人都会了解。有智慧的人，在事情还没成势以前就知道了，一叶知秋。成势，就是物质化、量化。物质化以后才能量化。量化以后才能讲科学知识。几，是具体的，微妙的，尚未成势、尚未达到机械的程度。对几的了解，不能靠推理、判断，只有用神。只有穷极微妙的神，才能感识到几。神能洞察把握宇宙万物生成变化的先兆。《周易》所说的“穷神知化”“神以知来，知以藏往”，进一步说明神能把握事物发展变化规律，感事物的先兆，通事物发展的未来。

这种独具特色的认知方式的神，可以理解为理性直觉。理性直觉对事物的认知方式，是整体的直观，是对认识对象的全部内容整体地、全观地予以把握。这种整体直观不是在感性认识基础上的表象直观，而是通过对万物外在特征、内在秩序、相互转化等的理性认识基础之上的、超越理性的理性直觉。《庄子》里的几个寓言，可以看作“神”或理性直觉的形象表达。前面讲到《庄子·养生主》说庖丁用刀解牛，“以神遇而不以目视，官知止而神欲行”。这种“神遇”就是心灵直接把握。《庄子·田子方》说的也是理性直觉：楚国有个叫温伯雪子的很了不起的人，孔子很早就想见他。温伯雪子正好到齐国讲学回楚歇足鲁国，可是孔子见了温伯雪子，一句话也不说。孔子的学生子路问：“先生想见温伯雪子很久了，见了面却不说话，为什么呢？”孔子说：“那个人啊，你一看就知道体现了天道，用不着说话了。”孔子一眼就看到温伯雪子是得了道的人，无需说话。不对话交谈，就谈不上思维、推理、判断；孔子没有见过这个人，无经验可谈，也无经验可借鉴，但是他“一看就知道”，就是整体直观。

心灵直接把握、整体直观，都说的是理性直觉。

庖丁能获得解牛的自由，是因为他“道进乎技”。孔子“一看就知道”，是来自他的丰富的、多方面的已升华为原则和理性的人生经历和生活经验。

武术中，一个高明的拳手，是在对手动作的有无之间，也就是在刚一露头但未形成势的时刻发招制敌的。如果对手的技术已发挥出来，形成了势，就会陷入你来我往的对抗中。所以，拳谚曰：“不招不架，只是一下；犯了招架，十下八下。”这“不招不架”，不是人家打来我却不管不顾，盲目地打自己的那一套；似应理解为在对方尚未形成战斗力的源头上制服对方，不用招架。这个源头，就是有无之间。抓住了这个源头，就是知几。武禹襄

《十三势行功心解》说："彼不动，我不动；彼微动，我先动。"（也有的说："彼不动，我不动；彼微动，我速动。"）"彼微动"的"微"，就是几的特征。我速动、我先动，是在对方尚未形成势的时候我即发动。"我速动"不能理解为依靠我的速度比对方快取胜，而是感识时机。须知，对方出手也是很快的，尤其两人近距离交手，出手后现反应是来不及的，必须预判。这预判用理性直觉，就是神。

练套路是在假想的情势下与人交手，也要凭着长期的拳艺功夫和自身修养，获得不现而彰、不动而变的拳无拳，意无意，无形无相，无我无他的自由，达到神化境界，如前面所说的王子章那样。但套路是有序运动，无法从中得到实际训练。这是练套路的一个先天不足。练武术，只练套路是不够的。

知几、神遇、神明、神化，不是偶然的、凭空产生的、从天上掉下来的"神话"。对于武术，它是长期的全面拳艺功夫和自身修养，并从这些丰富的实践经验中升华为原则和理性的武术技艺、人生经历、品格修养和生活经验的结果。这一点，在《周易·系辞下》中已有指明："穷神知化，德之盛也。"穷极神妙之神，通晓变化之道，只有道德达到极盛的人才能做到。北宋儒学家张载在他的《正蒙·神化》中提到：《易传》说的"穷神知化"，乃德盛仁熟之致，非智力能强也。张载也是说神是一种排除耳目感觉和人为思虑的内心体验功能，这是对神的性质的重要说明。穷极神妙，能通晓万物的变化，实际上是指人的一种心理能力。这种心理能力，只有通过实践（例如武术功夫及一切修养），使品格、道德、学识等各方面达到很高水平的"圣人"才能具有，而且是"非智力能强也"。

"神"是武术修炼的最高境界。能达到这样的境界，自然就会具有物质化的风姿神貌。

第三节　打练结合、功艺并举的全面观

这里说的打，指散打、散手、格斗。练，指练套路。功，是身体素质、能力。艺，指技术、技艺。

功力门要求打练结合、功艺并举。

自有套路训练以来，就有打与练的关系问题。武术发展到20世纪七八十年代，国家体委倡导的竞技武术运动出现了打练分离现象，而且愈走愈远，问题集中在练散打需不需要练套路、练套路能不能练出散打本领上。由于这一现象有悖于传统的练武理念，也关系到中华武术还能否继续保持体、用、健、美为一体的独特人体文化特色，所以引起武术界部分人士严重关切，呼吁应该打练结合。

打与练能否结合、结合点在哪里、怎样结合，武术界本身也有不同见解。所以，打练结合这一提法一出现，就引起了激烈争论。本书从本门派百年来的教学实践与思考方面，对该问题稍作如下分析。

先说散打。

功力门练打，和其他传统武术一样，一练胆气，二练反应，三练功力，四练速度，五练招法。这里不是说练的循序、进阶程序，是说训练包含这几个主要方面，练时综合一起练。老师喂招，徒弟打。放开劲打。徒弟们互相喂、打，经过一段时间的训练，慢慢接近实战，并在实际交手（多数为切磋）中提升自己。功力门训练散打，有以下几个特点：

• 招法要少而精。实用的东西不需要套路中的招法那么繁多，要把招法练到炉火纯青才能达到实用程度。“不怕千招会，就怕一招熟”。

• 招法中注重功力。一力降十会。这种力，除了本力，主要是练出武术的整劲、活劲、内劲，还有硬度，例如铁臂功、铁砂掌。

• 要善变化。前面说的“一招熟”，是说要精、要熟，达到直觉程度，不要机械地理解为只需一招。李文贞说，“没有三招打不了人”，说的是变化。我们常说，“程咬金三板斧”，三板斧不是孤立的三板，而是变化。

• 招法训练是开放式的。每人根据自己的条件、喜好选择，不拘一格，各有各的“绝招”，不是千篇一律、千人一面。

• 散打的风格一般和本门派的技术风格相一致。功力门的下盘功夫、腿功、出手的功力，拳打脚踢，都在散打中有所体现。其实，传统武术各流派也大体如此。例如，当年霸州李和恒泰交手，走过步眼后霸州李看出恒泰是练太极拳的，说明恒泰的散打带有太极拳色彩；戳脚、翻子拳大师于伯谦与人交手时手脚并发，也是“双拳密如雨”“一步一腿不空走”的本流派特色。

与传统武术相比，现代散打训练有现代的手段，加之信息交流、学术研讨、自然科学的支持，运动员的体能训练、技能专项训练等条件，都是民间不能相比的。观今宜鉴古，无古不成今。本书只是从传统武术的角度谈散打训练，以期于发展中华武术散打运动有所裨益。

下面对武术套路做一讨论：

套路是中国武术的特有形式，也是中国武术技击性明确和系统化的体现。套路这一形式具体而形象地记载了武术中各派的建拳思想、攻防策略，和与此相应的招式招法，是我们研究武术技击性的第一个切入点。

套路所包含的招式不仅是实战动作的简单记录和汇集，而且是体系化的技击观的形象化表现。由于这种特殊形式，就使得中华武术从直接的实战散打意识上升到了有理论体系指导、有自觉意识的高度。

武术套路的动作并非是实战动作。二者的区别在于：后者因为实用的需要而产生相应的动作，技术动作具有随机性和不确定性；而套路的动作是去掉这些动作的偶然性，将其中所含技击术的共性加以归纳、提炼，并进行典型化和规范化而成的招式、招法。所以套路的动作更多地是集中体现技击意图、观念和方法，而不能机械地搬用到实战中。

套路动作典型化、规范化的这一特征决定了它的演练重点在于表达技击目的和技击方法，而不在于它的实战效果。套路通过表现动作中的攻防意识和技术风格来确立和完善自身的技击观念，所以，对套路的考察就不能以实战效果（如能不能打）为标准，同时，也不能脱离技击观念。这就涉及套路动作中有无技击性及对技击性的表现两方面。

武术套路既然是技击观念的动作外现，那么，随着它在理论上的不断发展完善，就不可避免地要和哲学思想发生越来越多的关系，从而形成了有体系的实体形式，将中国武术的理论推向了理性化高度。

可以想象，在建拳之初，武术动作是来源于对人类实战和对动物的搏斗本能的观察和实践总结。但随着实践经验的积累和认识的反复深化，逐渐在头脑中形成概念，这个概念已经不是对一些表面的、具体的、零散的技击现象的了解，而是抓住了技击性的本质，抽象出了技击规律，于是给予套路一个贯穿始终的指导思想。这一思想越是深刻和广博，其技击方法也就越会被认为有效。由此，在武术理论中，追溯到在中国普遍流传的太极、阴阳、五行等哲学思想也就不是什么奇怪的事了。例如，形意拳的劈、崩、钻、炮、横，通背拳的摔、拍、穿、劈、攥，都类比于中国传统的金、木、水、火、土五行观念；太极拳的八门五步与八卦、五行联系起来；至于普遍存在于拳术理论中的阴阳概念，更是被广泛地用于指导拳术实践。需要认识到的是，这些哲学思想在武术技击中绝不是牵强附会或是故作高深，而是技击技术发展到较高阶段的必然结果。所以，我们既不可以将这些思想神秘化，更不可忽略对它作更深入的研究。

练套路，狭义地说，是体察拳意、表达拳意。广义地说，是体察武术文化、表达武术文化。

根据上述分析，功力门认为，打练同出一源，打练应当结合。这种结合不是结合在套路动作能不能打、散打是否搬用套路动作，而是结合在习武的人上。习武之人，应该有打、练两种本事，既能练套路，又有动手能力。这不是不可能的。李茂春就是既能打又能练的打练结合的能手；他的弟子王子章、李文贞也是例证。前文说过，王子章套路演练出神入化，李文贞到中南海为开国领袖表演，套路演练达到顶尖水平。有谁知道李文贞还是一个十六岁的姑娘时能从三个日本兵手中救出一个少女，没有过人的散打本事是不可能的。王子章演练套路达到拳道合一境界，而他的散手在民国期间获得过全国擂台赛的亚军，那时擂台赛是立了生死合同的。

练套路的人，从练套路中体察拳意，了解各流派的技击思想、技术风格及方法；也要有起码的散打训练，训练实际应用本领，从应用中深化对套路的理解，使武术套路发展成为有本之木、有源之水。而练现代散打的人，模式也不是一成不变的，也要不断创新。需要从中国武术色彩斑斓、内容丰富的套路中了解和研究中华武术某些流派的思想、策略、风格、方法，吸取营养，开拓思路。从根本上看，打练结合会更有利于广开拳路，探索创新，创造出具有民族特色的格斗风格，推动二者的持续发展，永葆中华武术能自卫、能健身、能演练、能修身的综合功能的独特魅力。

既然打练结合，就必须功艺并举。功是能力，艺是技术。没有艺的功是盲目的功；没有功的艺，是花拳绣腿。

打练结合给习武者提出更高、更全面的要求。

第三章　功力门的驭剑术

功力门太极十三剑（以下简称功力十三剑）是由李茂春取原太极十三剑之精华、糅进了功力门武术理念和基本功而研创成的功力门的一套剑术，大体属于势剑，一招一式，形端劲遒，有功力门武术重基本功、重功力的特点，又有缩小绵软巧的婉转灵变的剑术特点，形成了功力门自身的一套风格独特、内容丰富、根基深厚的驭剑之术。功力门的驭剑之术和由此产生的功力十三剑套路，特点是鲜明的，甚至是少有的，表现如下：

一、剑法有细分

剑法是剑术的核心。剑术理论有理、法、势、通之说。法，即剑法。势，即姿势动作。法在势前，有什么样的剑法，决定了用什么类型的姿势。另外，剑术要求轻灵准确，首先是剑法准确。因此，各流派都有各自的剑法，并对其做出明确解释。

中国武术的剑法究竟有多少种，其说法不一：

陈炎琳所著《太极拳刀剑杆散手合编》称，太极剑剑法有：抽、带、提、格、击、刺、点、崩、搅、压、劈、截、洗。

栗子宜所著《太极剑》言太极剑剑法有：劈、刺、撩、扫、截、挑、拨、挂、崩、点、划、拉、抹。

恒泰所传太极十三剑口诀："斩、抹、崩、剁、撸、梳、扑、提、云，扁为扎、立为刺，里为撩、外为豁，阴阳手，呼吸气，太极十三剑。"斩、抹、崩、剁、撸、梳、扑、提、云、扎、刺、撩、豁皆为剑法。

同是杨氏太极剑，虽然都是十三种，其剑法的内容却不一样。至于其他流派的剑术，也不是十三种。例如李凌霄著《昆吾剑》，其剑法有：托、抹、捧、点、捲、刁、挂、折、刺、钻十种。而赵连和著《达摩剑》，其剑法有击、刺、格、洗四种。

现在由中国武术研究院编写的《太极剑竞赛套路》所列剑法有十七种之多。

由此可见，各流派所传剑法只是该流派对剑术使用的看法和习惯，不同的人有不同的看法和习惯，带有很大的个人色彩，其剑法有多少种彼此并不是统一的、固定的。而现代竞技武术套路的编创，是尽量包括更多的剑法，以达到更全面地训练和考核的目的。

功力十三剑保留了恒泰的太极十三剑的部分剑法，也丰富了一些剑法，如挂剑、截剑、劈剑等。功力十三剑对现今普遍理解的带剑、撩剑和刺剑剑法分得更细，更接近实战。对其他一些常用剑法，功力门也有自己的理解。一并说明如下：

带剑。带，有拉、拽的意思。在剑术中，对方以剑刺来，我顺来剑方向以剑脊顺拉以化开，谓之带剑。由于带剑总是和小臂的内旋、外旋相结合，功力门剑术用了"撸"和"梳"加以细化和区别：小臂外旋带剑为撸，例如把树叶撸下来，有裹的意思。小臂内旋的带剑为梳，有梳理的面貌。撸和梳剑法在太极十三剑一路中有体现。

撩剑。撩，自下向上掀起的动作谓之撩。在剑术中，自下而上用剑刃进击对方称为撩剑。功力十三剑将撩剑细化为“里为撩，外为豁”。用剑前刃由外向体前自下而上进击对方为撩剑，与其他流派的定义相同。豁，有裂开的意思。用剑尖或前刃自体前由下向上向外扬起，意在将对方身体割裂一条口子，称为豁剑。与现今习惯说的撩剑或挑剑的意义相近。功力门用“豁”不用“撩”，体现了向外豁开的力量和气势。如本剑术中凤凰旋巢中的俯身独立平衡，用的豁剑剑法。

刺剑也有细分。用锐利之物戳人或穿透、直伤、直入为刺。在剑术中，以剑尖直入对方身体为刺剑。功力十三剑将刺剑细分为刺剑和扎剑。扎，也有刺的意思。如扎针、扎手。功力门根据刺剑有轻、重、深、浅、突发和长劲之别，以及剑器的不同使用法，将此类剑法分为“扁为扎，立为刺”。将重劲、长劲、穿透深入的剑法用立剑，谓之刺；而轻、浅、短、突的刺剑用平剑，称为扎。按中华武术传统象形名称，扎剑可用“白蛇吐信”来象形，突出一个快字。

除上述剑法外，功力门对其他常用剑法的理解如下，可做对外交流时的参考：

点剑——细小的存在为点。在剑法中，用剑尖由上向下敲击为点剑。主要攻击对方面部、胸部、腕部、脚面等部位，手腕发力，力点集中。进攻型剑法。点剑以手法分，通常有正手立剑下点，反手立剑下点，阳剑平剑下点，阴剑平剑下点。以方向分，有前点剑、后点剑、侧点剑等。

崩剑——突然向外发出为崩。在剑法中，用剑尖以腕部突然的爆发力打击对方为崩剑。崩剑主要攻击腕部等部位，是进攻型剑法。崩剑通常有立剑上崩，阳剑外横崩，阳剑内横崩，阴剑内横崩等。

挂剑——挂有勾住、牵绊之意。在剑法中，以剑脊顺对方来剑向外牵钩为挂剑。挂剑主要用于钩挂化开对方器械，是防守型剑法。挂剑常与劈剑、撩剑连用，前半圈挂以走化，后半圈劈，或撩以攻击。其特点是“半圈化，半圈击”。挂剑通常有正手挂剑，反手挂剑，正手抡挂剑等。

截剑——截有阻至、切断之意。在剑法中，与对方来剑成一定角度以剑刃半途中将其截断或截阻为截剑。截剑主要用于阻截对方手腕，是防守型剑法，防中有杀伤性。截剑行剑路线短，迎头截住，直截了当。通常有阳剑左截剑，阴剑右截剑等。

抹剑——抹有割的意思。在剑法中，用剑刃做平割动作为抹剑。抹剑主要攻击对方颈部、胸部等部位，是进攻型剑法。抹剑有阴剑左平抹，阴剑右平抹，阳剑左平抹、阳剑右平抹等。

云剑——云有喻高之意。在剑法中，在头上方画平圆以化开对方来剑为云剑。云剑是防守型剑法，常与抹剑、刺剑、斩剑连用，前半圈云，后半圈抹……云剑有正云剑，反云剑。

挑剑——挑有扬起、举起之意。在剑法中，用剑尖由下向上扬起为挑剑。挑剑主要用剑尖攻击对方手腕等部位，是进攻型剑法。挑剑通常有直挑剑，斜挑剑，侧挑剑。

拦剑——拦有阻挡、拦住之意。在剑法中，用剑刃向前向外拦阻为拦剑。拦剑主要拦住对方手腕或拦其来剑，是防守型剑法。拦剑行程路线较截剑长，有主动拦阻意味，而截剑则是迎头截住。拦剑有阳剑左拦剑，阴剑右拦剑等。

斩剑——斩有绝、断之意。在剑法中，用剑刃横向直伤对方为斩剑。斩剑主要攻击对方胸部、颈部等部位，是进攻型剑法。斩剑有阳剑平斩剑，阴剑平斩剑。

拉剑——拉有划开、割开之意。在剑法中，用剑刃划割对方手腕或身体其他部位为拉剑，是进攻型剑法。拉剑有左右平拉，左右提拉，左右斜拉。

劈剑——劈有剖开之意。在剑法中，用剑刃自上向下切剖为劈剑。劈剑主要攻击对方头、肩、腕等部位，是进攻型剑法。劈剑有正手劈剑、反手劈剑、抡劈剑等。太极十三剑有剁剑剑法，与劈剑相似。剁剑以肘以下小臂和腕部发力，较以肩关节为轴的劈剑力度集中、行剑路线短，突出快速、有力，似在劈与点之间；功力十三剑则统称为劈剑。

穿剑——穿有钻进、曲折而入之意。在剑法中，避开或化开对方之剑，以剑尖引导曲线钻入为穿剑。穿剑是进攻型剑法，有正手弧形穿剑、反手穿剑等。

架剑——架有支撑之意。在剑法中，用剑身向上撑托为架剑。架剑主要用于撑住对方器械，是防守型剑法。架剑有右上架剑、左上架剑、仰身架剑等。

扫剑——有掠过之意。在剑法中，用剑刃横掠为扫剑，剑不高于踝关节。扫剑主要用于攻击对方腿部，是进攻型剑法。传统剑法中也有把横掠胸部叫扫剑。扫剑有阴剑扫剑、阳剑扫剑等。

削剑——斜而略平地切、割为削。在剑法中，用剑刃斜而略平地切、割为削剑。削剑主要用于攻击对方肩部或头部、腿部，是进攻型剑法。削剑多为阳剑上削剑、阴剑下削剑。

格剑——有抵挡、击打之意。在剑法中，用剑身做抵挡为格剑。格剑主要用于挡开对方器械，是防守型剑法。格剑有左格剑、右格剑、斜格剑等。

压剑——压有从上向下加重力、制服、压抑之意。在剑法中，用剑身从上向下加力为压剑。压剑主要用于压制对方器械，是防守型剑法。压剑有阴剑平压剑、阳剑平压剑等。

抽剑——抽有拔出、收回之意，在两物之间取物谓之抽。在剑法中，将剑身收回为抽剑。抽剑主要用于将剑抽回准备进攻，是防守型剑法。抽剑有阳剑平抽剑、阴剑平抽剑、阳剑斜抽剑等。

由上可见，有些剑法意思十分相近，例如拉、抹、扫；挑、豁、撩。太极十三剑还有剁、扑剑法，分别与劈、压剑法相似。本书认为，这是不同流派对剑的同一用法的说法不同，虽然在用词表达上有些细微差别，演练时可不必细抠。

二、多定势，动定分明

功力十三剑属于功架剑，或称势剑，一招一势，清清楚楚、端端正正、形健骨遒、动定分明。

功力十三剑的设计目标是练功力，表现剑术功力的一面。要求劈剑雄沉、刺剑犀利、抹剑深入、撩剑豁剑通达，无不表现出力点准确和劲力透达。不仅剑上有力度功夫，而且要有控制能力。拳者，权也。剑在手中运使要有所权衡，做到手中有数、心中有数，像外科医生拿手术刀一样。这样，行剑才轻灵，剑法才准确，力度才适当；不是一味地用力、逞一时之勇。

剑上劲力的掌控，必然由扎实、稳定的功架做支持。功架不扎实，难以发出全力；功架不稳定，难以掌控分寸。所以，功力十三剑的定势，不仅表现在数量多，而且要求质量高：外者，身正形端、势威劲遒，有似山岳，纹丝不动；内者，固住气、凝住神。不仅形有定力，心也要有定力，内外合一。

由定转动的瞬间，先动意，以意领气、以气催动。李文贞的拳术、刀术、剑术，由定转动非常轻盈，有人形容她灵如秀猫。

剑术动作的运行阶段，则要求身随剑转，剑掩身行，有似流水，周流无滞。动作的变换闪展腾挪、多走化劲，化劲在身。所以功力十三剑特别注重身法和眼法。前面说过王子章练套路进击时，身体一缩缩成一点，好似缝里钻进；一开，展成一片，大有覆盖对吞之势。可谓放之则弥六合，收之则退藏于密，就是身法的一种描述。对眼法则要求定势时眼神集中，一瞬即明，透出一种力量感，一种威慑。运行中，则敏锐、灵变、顺遂。

功力十三剑动势快如疾风，定势纹丝不动，在快速运行中嘎然定住，要求有强大的制动能力、稳定能力和控制能力。练功力十三剑，首先要重视基本功的全面训练，尤其是腰腿裆胯的下盘功夫。李文贞多次强调练武术首先要练好基本功，有了扎实的基本功，练什么都能练好。

三、气势连贯

动定分明不是动定分割。功力十三剑不仅要求动定分明，还要求气势连贯。气势连贯的核心是意念不断。从动势到定势必有停顿，但势断而意不断，意不断则气不散，气不散则劲相连，劲相连则有动势，有动势则显气势。于是，虽然动定分明，但气势连贯，整个套路演练一气呵成。例如，套路中的扬鞭催马接力劈华山动作，虽然二者都是定势，但是，前者在完成撩剑定势的瞬间，眼神看向目标，又同时保持敬畏、警觉、惺惺的心境，以应对不测之变化；表现在眼神上，锐利中有含蓄，放中有收。整个身剑造形，定中蕴腾挪，静中寓动机。于是，才能从一个定势自然地、圆润地、无懈地起动到下一个动作：向前落步、完成扣腿平衡劈剑。从定到动、从动到定，停而不僵、动而不散、精神内敛、气势连贯、以一贯之。

四、多用独立平衡势

功力十三剑的定势中，多次出现独立平衡势，有提膝独立平衡、扣腿独立平衡、盘腿独立平衡、俯身独立平衡等。

独立势与其他步型相比，使身、剑够得更远、劲力更集中、动作转换更灵活、机动性更强，因而更突出了剑术轻灵、犀利的特点和风格。独立则需要平衡。尤其在快速运动中嘎然定住，稳如泰山，要求有强大的控制能力和平衡功夫。李文贞练功力十三剑，从未在平衡动作上失误。她说，要站得稳，平衡得住，不仅要有脚下的抓地功夫，还要提住气，上下内外都要平衡。武术界评价李文贞的定架子太极十三剑堪称当代一绝，无人敢比，大都是指她的独立平衡功夫。

五、剑练缩、小、绵、软、巧

缩、小、绵、软、巧的身法在第二章中已有论述，从剑术角度讲，更有其独特意义。

中华武术的剑器属轻武器，不宜用来格挡挥砍；另外，剑器双面刃、直剑尖，有很大的灵活性。上述两点，决定了剑术以轻灵制敌，“剑走轻”。与对手较量，力求避开坚硬的器械、寻找空隙或制造空隙，乘隙而入，以削减抑制对方的强势并趁势进击，战而胜之。这就是剑术理论所说的“逢坚避刃，遇隙削刚”。剑术的灵活，必须以身法做保证。身法中一些避让、收缩、钻进的精巧性动作，与剑术逢坚避刃、遇隙削刚的战术思想和轻灵善变的技术风格相一致，身、剑、神融为一体，显现出“于有剑处不见剑，于无剑处处处是剑”的灵气。所以，缩、小、绵、软、巧的身法在剑术演练中尤为重要。

功夫论上，身法往小的方向变形更难练。它要求身体有柔若无骨的柔韧素质、伸缩吞吐的搜骨之能、强大的裆胯力量和灵转折叠功夫。另外，还得有丰富的想象力和自由发挥的灵气。

功力门认为，身法是全身整体性的综合表现，是心灵的创造性表现于外的功夫，是武术修养的一种展露。只有练出精细巧妙的身法，才能真正做到身随剑转、剑掩身行、身剑合一。所以功力门剑术对身法的要求很高、很全面。尤其经王子章、李文贞的发展后，把他们自己的体会上升到一种剑术品格，这种品格达到了艺术境界：身体像蛇一样灵活柔软、委婉曲折，像车轮一样圆转完满、化击自如。既有大鹏展翅九万里的大开大放气势，又有鹞子穿林缩身钻进的灵巧敏捷；有仙人指路直进直入的犀利锋芒，又有乌龙绞柱拧扭翻转的走化进击。一缩收成一点，其小无内；一展打开一片，其大无外。他们用这种境界诠释了“剑似游龙”的气势和灵变。

六、握剑法

握剑既要稳，要牢靠；又要灵，善变化。稳和灵是一对矛盾：稳就不容易灵，灵就不容易稳，又稳又灵就得在握剑方法上做研究。功力门总结出一套握剑方法，上升到规范予以传授。

功力门握剑规范是：所有手指都以指肚握剑，剑柄与手心留有空隙。拇指、中指、无名指三指握住剑柄，相对牢靠；而食指、小指相对放松，以便调节。当剑直线发出时，如直刺、直劈，五指平稳握剑。而有些剑法，如崩、点，需要有上下折腕配合；撩、挂需要旋转小臂。在这些情况下，食指或小指要适当放松。其原则是：小臂内旋，例如向左挂剑（正挂）时，食指略放松，其余四指握牢剑柄。小臂外旋时，例如，向右挂剑（反挂），则小指略放松，其余手指握牢剑柄。向下折腕的剑法，例如点剑，食指放松。坐腕时，例如上崩剑，小指放松。练者可举一反三。

练习剑术，常常和刀术相比较，以加深领会剑术特点，握剑方法也是其中的一种比较。二者的不同是由于器械本身的特点决定的。刀宽大厚重，可以大挥大舞，大砍大杀，有似猛虎，故握刀是满把握，凶狠牢靠。而剑器是轻武器，走化劲，故轻灵准确是剑术要旨，其握剑方法要突出灵活，故是手指肚握剑而手心与剑柄留有间隙形成半把，“手心空，使剑灵”。功力门有“半把剑、满把刀”的说法。

中华武术剑术的身剑关系是身随剑转，剑掩身行。身随剑转，主要依赖身法的精妙；而剑掩身行，则主要依赖于运剑的灵活，正确握剑是关键。

七、注重练腕力

第二章提到功力门注重腕部力量训练问题。由于手腕的力量和灵活，对练好剑术尤其重要，所以此处再做一说明。

功力门训练剑术，有专门训练手腕的力量和灵活的方法，通常是拿“斧子把”练。“斧子把”不是民间生活中用的砍柴斧子，它是一种训练工具，一般是木质的，一头大、一头小，长度大体与剑器相仿。开始练习时拿大头练小头，手感轻，容易找到剑术劲路；有了一定功夫后，就要拿小头练大头，以练手腕功力。练腕力时，小臂不准动，只转动手腕，做各种动作。如果练双剑，则两手都要练。

八、剑诀

不持剑的手的手型，现在普遍称剑指，传统武术称剑诀。

（一）剑诀类型及构型

剑诀是剑术的独特手形，有两种类型：屈指法和压指法。屈指法是食指和中指并拢伸直，拇指、无名指和小指屈卷。压指法是食指和中指并拢伸直，拇指、无名指和小指尽力屈卷，拇指压在无名指指甲上。功力门认为，从剑诀功用看，两种剑诀构型都是合理的，都可用。

（二）剑诀功用

剑诀在剑术中有以下功用：

- 有点、戳、插的技击功能：并拢的食指和中指直插对方穴位或某要害部位。
- 劲力整合：如扣腿平衡独立式劈剑，剑之所向，剑诀合之，全身劲力合成一点。
- 与持剑手形成阴阳手（阴阳手含义见下文），以加大击剑力度。
- 抓握对方不带刃的器械，如棍，躲过枪头抓握枪杆。
- 剑诀外伸，利于平衡。

（三）剑诀劲节

剑诀的劲节，在于食指和中指，以中指为主。要增大中指和食指的劲力，又必须使拇指的根节向外撑劲。从气血上讲，拇指运用的主要是手太阴肺经；食指运用主要是手阳明大肠经；中指运用主要是手厥阴心包经。

（四）剑诀与剑镡

剑诀的位置依据动作的要求不同而不同。但当剑诀合向持剑之手时，必须放在剑镡旁，而不应放在小臂上。

武术谚语曰："单刀看手，单剑看镡。"意思是面对持单刀的对手，要注意他的空手；对持单剑的对手，要注意他放在剑镡旁的剑诀。例如练单剑，当两手相合时，剑诀要放在剑镡的后面。这是因为放在剑镡旁最容易变换成左手剑，或双手剑。观察对方也是如此，尤其是当你站在对方左侧时，不要以为对方剑器在其右侧离自己尚远而麻痹，要特别警惕他可能忽然剑诀变左手，换成左手拿剑，造成直接威胁，令人出其不意。所以，不持器械的手的放置或动作，不是为了美观，更不是陪衬，而是为了变化。单刀看手，也是提醒注意空手的变化。

（五）称谓

尽管当前普遍把剑诀叫剑指，但功力门继承传统仍称为剑诀。因为，剑指只是说明一件物品，一样东西，没有更深刻的文化背景。而剑诀的诀，有方法、诀窍的意思，与剑相配合，在剑术中起着独特作用。

九、阴阳手

武术中，手心朝上称为阳，手心朝下称为阴。例如拳法中，手心朝上者，为阳拳；手心朝下者，为阴拳。掌也是如此。剑术中，手心朝上者为阳剑；手心朝下者为阴剑。剑诀也是如此。阴阳的含义很广泛，一般来说，凡是两种相反相成的现象或事物，都是阴阳关系。功力十三剑接受了太极十三剑的阴阳手理念，许多动作的持剑手和剑诀手有对拉、拧绞关系，因此是相反相错而运。做法是：持剑手和剑诀手意念上手心找手心，或手背找手背。阴阳手形成拧绞劲、螺旋劲、直入劲，气势饱满、劲力整合、加大出剑力度。

十、抓、扒、顶

抓、扒、顶指脚与地面的关系，也可认为是脚法。

抓，脚心微上吸，脚趾抓地。脚心空而五指抓地，是为了站稳，脚下生根，又行步轻灵。

扒，指行步时脚要扒住地面走。这样，脚可以稳扎在地上，又可借助地面的反作用力，产生前进的催动力。另外，扒，还有脚底上翻，将泥土“扒”起来，用于败走时挖土迷住对方眼睛，故称“挖行步”。在其他拳种中，例如查拳，也有挖行步。功力门的拳、剑，行步都用挖行步。

顶，多指行进中突然制动对脚法的要求。功力十三剑定势多。

而定势又是在与动势衔接中完成。一个动势的动能传递到前脚，欲定势，必须制动。制动点就在脚上，要求脚有顶住的功夫。

以上脚法似乎很简单，也很明确，但是，要练出脚下的功夫却不简单。当年李文贞在冰上练，李文贞的弟子刘幼贞也经历过这样的严格训练。所以，她们在套路演练中脚像是粘在地上，行走起来只听得蹭、蹭、蹭，没有失误，“行如风，站如钉”。

抓、扒、顶 的脚法，是“剑走轻”技术风格的需要。剑术歌诀曰：“脚心空，捷步行。”

十一、呼吸气

“呼吸气”，是功力十三剑继承太极十三剑留下来的一句话，此话究竟应当怎样理解，需要分析研究。呼吸必联系到气，这是不言而喻的。但气在武术中是个复杂概念，也是最重要的功夫。武术界常说“外练筋骨皮，内练一口气”，把武术功夫的内练归结到“一口气”，可见气的重要。

气在武术中有两种涵意：一是人体呼吸器官与外界气体交换的气，即呼吸的气；二是人体内一种流动性的能量，中国传统文化也把它称为气。对武术而言，这人体内流动性的能量是在心静体松状态下，由意念引导（攻防含义）在体内随拳势走向而产生的流动性的能量，先人们把这种现象或感觉叫作气。这个气，显然不是人体呼吸器官与外界气体交换的气。所以，也有人把它叫作内气，以与呼吸之气相区别。功力门武术，乃至整个中华武术，练到内功阶段，呼吸的气必然要与体内的这种能量的“气”联系起来，达到和谐自然、内外合一。于是，武术的呼吸广义地说便有以下三种形式：

自然呼吸——呼吸器官与外界的气体交换，即肺呼吸。自然呼吸主要指呼吸的深浅、节律是自然的、符合运动供氧的生理自然需要。

丹田呼吸——即腹式呼吸，是与肺呼吸相联系的横隔肌上下运动和腹部的鼓胀及收缩，传统武术把它称为丹田呼吸。对武术而言，腹式呼吸一定是逆式腹式呼吸而不是顺势，即吸气时腹部内收，呼气时腹部外鼓。武术运动用逆式而不是顺式腹式呼吸，是由发力规律决定的。如提起一个重物，一定是吸气、收腹；把重物砸下，一定是呼气、鼓腹。道理很简单：武术是技击术，攻防格斗离不开发力，所以，呼吸要和发力相联系，因此是逆式腹式呼吸。

体呼吸——在意念引导下体内产生的能量的这个“气”，随着拳势的走向而外发或内收，好似肺部的呼吸；但它是由身体完成，故传统武术把它称之为体呼吸。

以上三种“呼吸”，随着拳势的走向相互关联、相互协调，在发力上得到统一。例如，弓步刺剑动作是向前（向外）发力，此时应是肺部呼气、腹部外鼓（逆式腹式呼吸）、体内能量外发。而提剑动作，持剑之手向上、向外发力，是吸气、收腹。

肺部呼吸是人体生理需要；逆式腹式呼吸是发力的自然规律；而体呼吸则必须与剑的走势相结合。剑势决定身势；剑势、身势决定体内能量是外发还是内收。它涉及肺部呼吸、丹田呼吸并与之在拳势上协调。所以，体呼吸是武术呼吸的最高层次。“呼吸气”应当是三种“呼吸”的协调。

功力门武术对呼吸气的训练方法是松肩坠肘，松裆松胯，舌顶上腭，气沉神凝。特别注重裆胯的松沉。裆胯松沉，则气息下行，形成上虚下实态势，有利于功架稳定，整体灵活。在气息的运作上，定势时固住气，凝住神；在运动中呼吸，在动作转换中换气。功力门剑术不只关注动作的训练，还注重气息的运使和转换训练，或提气，或沉气，或聚气，或托气，把肢体运动、呼吸以及由意念引导产生的内气有机结合起来。如此，供氧充分，运动持久，同时也有助于获得有益的健身效果。

十二、眼法

第二章中已经介绍了功力门对传神的要求，这些要求和练法同样是本剑术所应遵循的。对剑术而言，还有其自身特点。

剑术的特点之一是轻灵，竭尽闪展变化之能事。所以，眼神必须以观变、灵变为要。眼神不在于始终明亮，而在于变化、在于敏锐，一瞬即明。在心灵主宰下，眼神依据剑法的变化而变化，或外发，或含蓄；或集中，或柔和，始终处于引导地位。剑术要求剑与神合，眼神是传神的主要所在，眼到剑到。

剑术的另一特点是准确。剑法准确、落点准确、行剑路线准确。尤其像点剑、崩剑这样的剑法，击剑的目标就是一个点，像鸡吃米那样准确。眼神迅速集中到一点，剑击向一点。即使不是点剑、崩剑，其他剑法的运剑路线也是十分严格、十分准确的。剑术套路演练像是在空隙中寻找战机，进退辗转、伸缩变化如入无人之境，必须要求眼法精确引导，粗枝大叶是不行的。所以，练剑术要求眼神非常敏锐、准确，并在刹那间聚焦到目标点上。

十三、对身与剑合、剑与神合的理解

练剑之要，身与剑合，剑与神合，是中华武术所有流派剑术的共同法则，功力门当然也不例外。本书要表述的是对该法则的理解。

功力门认为，这里的“合”，不是两个实体的协调，也不是结合，而是融合，是一个融入到另一个当中。

身与剑合，就是身体完全依据剑法而做出相应的姿势、动作。心目中只有剑，将身体的姿势动作完全融入到剑法中而“忘掉”身体，身体的姿势动作在剑法中发挥，达到身剑一体。如此演练，会摆脱身体的滞重而获得轻灵的感觉，更重要的是突出了剑术的核心地位。精神意识完全投入到剑法上去，剑术演练似乎在与人交手，手中的剑器是真正的武器，不是道具，传神写照、生动感人。今天，剑术虽已失去了冷兵器的格杀作用，但将剑术的本质以演练的方式显现出来，仍是展现中华武术美学文化的重要侧面。美是理念的感性显现。

剑与神合，指剑的运使完全依据心意，乃至神。剑法的运用依靠心领神会，而不是凭身体的感觉和外在规定。剑法及身体的姿势动作，完全在心神中发挥。心中所闪念的不再是敌我双方的实体，而是与对方交手时面前显现的空隙；围绕自己周身的，已不是剑器，而是剑所运使的路径，即各种线，或圆圈，或直线。“乘物以游心”，借助剑术的演练实现心灵的自由，物我两忘。以这样的体验演练，不仅可获得轻灵酣畅的感觉，而且能达到怡然自得之境。可见，如果说身与剑合是一种技艺，而剑与神合，则是一种境界。

剑术的特点是灵、变。武术界常用“于有剑处不见剑，于无剑处处处是剑”来描述剑术的善变和灵气。如果剑术演练仅停留在身体动作和剑器这样的物质层面而不向精神境界提升，是难以真正表现剑术的本质、特点和魅力的。所以，练习剑术与其说是一种锻炼，不如说是一种修炼。

第四章　功力门太极十三剑套路

第一节　编写说明

1. 剑器结构名称：

剑器包括剑首、剑柄、剑镡、剑身几部分。剑身又包括剑尖、剑刃、剑脊。本书对剑器各部分的定义如下：

剑首——剑器端头的块状物称剑首。

剑柄——手握的部分称剑柄。

剑尖——剑器最前端的尖点和尖点两边的小斜刃通称剑尖。

剑刃——剑器两侧锋利刃部称剑刃。

剑脊——两剑刃之间略鼓起的部分称剑脊。

剑身——剑尖、剑刃、剑脊的总体称剑身。

剑镡——剑身与剑柄连接处两旁突出的鼻状物称剑镡。

由于数百年来中国不同地域封闭的自然经济和历史沿革，使得对剑器各部分的称谓有所不同，至今没有完全统一。本书按汉语大辞典的解释，对剑器的某些有多种称谓的部分做了明确规定。例如，剑镡，《汉语大字典》（汉语大字典编辑委员会　四川辞书出版社、湖北辞书出版社　1993 年 11 月）的解释是："剑柄与剑身连接处两旁突出的部分。旧时称剑鼻、剑口、剑首、剑环等。"颜师古对《急就篇》第十八章有关镡的注释："镡，剑刃之本入把者也。”《太平广记》卷三百六十二引《纪闻》：“以剑刺之，剑没至镡。”又如，剑首也有不同称谓。本书根据《礼记·曲礼上第一》“进剑者左首”。孔颖达注：“首，剑拊环也。”拊，器物的柄。进剑者左首，进献剑的人要把剑首朝左拿着，以表示对人的尊重。

2. 动作方向定义：

本书对运动方向的描述采用以运动空间为绝对坐标和以自身中轴为相对坐标相结合的方法。

绝对坐标是：预备势面向方向为南，背后方向为北，右手侧方向为西，左手侧方向为东。

相对坐标是：以向着身体为里、为内，远离身体为外；与胸前方向一致为前，与背后方向一致为后；向左臂方向为左，向右臂方向为右。

相对坐标以自身为参照，与人体运动感觉一致。

以空间绝对坐标为定向，东南西北方向是客观确定的，便于在一个复杂动作完成后，准确知道自己所处的方向。

3. 几个术语说明：

（1）阳剑、阴剑：手心向上持剑为阳剑，手心向下持剑为阴剑。

（2）内旋、外旋：人体站立，两臂垂于身体两侧手心向前。手臂向身体方向转动为内旋，向离开身体方向转动为外旋。

（3）坐盘、歇步：坐盘势即现在武术界常说的歇步。现今武术常以两小腿不贴地、后脚跟抬起、臀部坐在后小腿上为歇步；后小腿贴地、臀部坐在后小腿上为坐盘。功力门两种情况都叫坐盘势。本书为了继承传统，仍沿用功力门的传统定义。功力门认为，两者没有本质区别，尤其在快速演练时，如果控制不住，歇步很容易做成坐盘。重要的是任何情况下，都能起伏自如，转接和顺。

(4) 剑诀、剑指：剑诀是传统武术的称谓，就是现今说的剑指。为了保持传统性，本书采用剑诀名称。

4. 书中“动作不停”字样，是将一个动作的连续过程分解描述，不是两个动作的连接。

5.“动作微顿”是动作稍有定势、稍有一顿，但不停住，一顿便走。

6.“要点提示”是提示一些主要技术要求或者容易被误解、被忽略的技术要求和要领，要注意对动作全面领会和协调配合。

7. 本书动作名称采用象形法和动作规格法相结合的方法。象形法如鹞子钻天、翻身探海等。动作规格法如提膝撩剑、翻身弓步反劈剑等。

传统武术动作常以象形法取名，而现今武术多以动作规格取名。本书在此略作分析和比较。

象形法以形象表达义理，源于《周易·系辞传》提出的“观物取象”“立象以尽意”两个命题。象形，或取天地阴阳之象，或取万物杂象。《易》象和它所说明的义理并不是不可分的，同一义理可以用不同的《易》象来说明。例如本剑术中的“扬鞭催马”一势，也可以用金鸡独立来象形，也可以用白鹤亮翅象形，至于取哪一个，在于表达者的主要意向，具有不确定性。象形名称虽然不是确定的，但它更能启发思维，扩大想象力，以个别表现一般，以单纯表现丰富，以有限表现无限。启发人们从整体的、模糊的体验中获得艺术想象和创造灵感，造就高超的精湛技艺。这种经验不能借操作规范而客观化为标准的动作造型和动作过程来表达。象形法命名与中国古典哲学中体验大道的修养方法和理性直觉的认识方法是一致的。而动作规格名称的表述，如“提膝独立撩剑”，它不具备前者的功能，但能表达动作的主要规格，一目了然，具有确定性，从而走向一种标准化、规范化的道路，也就是今天竞技武术通常表现的那样。

在关注“观物取象”“立象以尽意”的同时，还要向“得意忘象”提升。因为，象与意不是一个层面的概念。“象”是客观的、具体的、切近的、显露的、变化多端的；而“意”则是主观的、深远的、幽隐的。相对地说，象是小范围、较低层面的，而意是大范围、较高层面的。用低层面、小范围的东西，不可能完全说明高层面、大范围的东西。所以，理解到意，就得否定象，否则，所得到的意也是低层面、小范围的。审美关照源于具体物象，但超越具体物象，超越概念。这样，我们所演练的动作，无论是从技击原理、方法把握还是演练艺术，都可延伸到更深远的境界，这种境界是难以用概念表达的。正如陶渊明诗句所说“此中有真意，欲辩已忘言”。当我们从套路演练中捕捉到某种意趣时，往往摆脱了动作的具体规定，处于一种“忘言”的境界。

“得意忘象”是我国魏晋时期玄学家王弼提出的命题。是哲学命题，也是美学命题。它是在《庄子·外物》“得鱼而忘荃……得兔而忘蹄，言者所以在意，得意而忘言”论点基础上的发挥，对中国古典美学有重大影响。王弼只活了 23 岁。

8. 本剑术套路在写法上，大体以“理法势通”原则，势依法动，身随剑转的顺序描述动作过程。所以，一般情况下，先描述剑的运行，身、势随之。这样，更符合动作的实际运行规律。

9. 书中照片是辅助性的，示意性的。初学者可以依据图像模仿照学，但不应受到图像限制。套路从本质上说是概念性的，允许甚至鼓励发挥个人想象力，形成个人的风格。从中我们可以体悟到，为什么许多武术典籍、秘籍写得非常深奥、抽象，没有图像；为什么没有具体的方法而只有要求。例如武禹襄只讲以心行气，而不讲什么是气、如何行气；又例如王宗岳的太极拳论，全篇363个字，道出了什么是太极拳。言简意赅，高屋建瓴，既指明了太极拳的本质和境界，又为后人留出极大的发挥空间。

第二节　动作名称

一、预备势
二、横空出世（起势）
三、古树盘根（持剑扣腿独立平衡）
四、仙人指路（弓步剑诀前插）
五、白蛇出洞（虚步扎剑）
六、鹞子钻天（提膝撩剑）
七、金针入地（提膝反手下刺剑）
八、扬鞭催马（提膝独立撩剑）
九、力劈华山（扣腿独立平衡抡劈剑）
十、翻身探海（翻身弓步反劈剑）
十一、灵猫扑鼠（上步弓步下刺剑）
十二、金针入地（提膝反手下刺剑）
十三、举火烧天（蹬脚豁剑）
十四、回头望月（俯身独立平衡后斩剑）
十五、白猿献果（弓步斩剑）
十六、翻身探海（翻身弓步反劈剑）
十七、鹞子穿林（拧身跳步撩剑弓步刺剑）

十八、翻身探海（翻身弓步反劈剑）

十九、乌龙摆尾（撤步盘腿独立斩剑）

二十、凤凰旋巢（翻身挂劈俯身独立平衡豁剑）

二十一、金鸡抖翎（跳步提膝下截剑）

二十二、白猿献果（弓步斩剑）

二十三、力劈华山（扣腿平衡抡劈剑）

二十四、翻身探海（翻身弓步反劈剑）

二十五、收缰勒马（撤步提膝提剑）

二十六、弩箭穿心（上步弓步刺剑）

二十七、蟠龙戏珠（上步抹剑弓步刺剑）

二十八、推窗望月（俯身坐盘斩剑）

二十九、抹云指日（俯身旋转抹云剑）

三十、哪吒探海（提膝下刺剑）

三十一、开弓放箭（回身弓步刺剑）

三十二、开弓放箭（上步转身弓步刺剑）

三十三、湘子提篮（转身跳步盘腿独立扎剑）

三十四、子牙垂钓（弓步探身下刺剑）

三十五、翻身探海（翻身弓步反劈剑）

三十六、玉女卷帘（左横步坐盘撩剑）

三十七、蟠龙出洞（回身提膝扎剑）

三十八、流星赶月（翻身弓步劈剑）

三十九、叶底藏花（侧身提腿后撩剑）

四十、鹞子寻食（跳步转身坐盘下刺剑）

四十一、鹞子翻身（翻身丁步劈剑）

四十二、孤雁出群（上步丁步刺剑）

四十三、拨草寻蛇（撤步拨剑提膝下刺剑）

四十四、玉女卷帘（俯身坐盘后撩剑）

四十五、轻云蔽日（俯身坐盘崩剑）

四十六、蟠龙出洞（转身提膝扎剑）

四十七、流星赶月（转身弓步劈剑）

四十八、燕子抄水（跳步撩剑弓步下刺剑）

四十九、回马转锋（转身并步扎剑）

五十、泰山压顶（提膝抡劈剑）

五十一、弯弓射虎（回身行步转身提膝扎剑）

五十二、回马转锋（转身并步扎剑）

五十三、凤凰抬头（回身弓步崩剑）

五十四、收势

第二节　套路描述

一、预备势

两腿并立自然站直。左手握剑柄，食指顺剑柄伸直，其余四指握剑，手心向后。剑置于手臂后，剑脊与小臂平行略有间隙，剑尖向上，剑身垂直。两臂自然松垂，右手掌放松手心向里。眼平视前方（正南）（图 1）。

要点提示：体态安舒自然，精神饱满内敛，逆式腹式呼吸，身剑垂直整合。

图 1

二、横空出世（起势）

1. 身体保持站立姿势。左手持剑向左侧平举，手心向下，身体随剑微左转成斜侧身，眼看左手。同时，右手握成剑诀置于右腰侧，手心向上，指向左前方（图 2）。

2. 动作不停。两脚与剑诀不动，左手持剑经体前向右屈臂平划一圆弧，身体随剑右转成斜侧身，剑柄置于胸前，剑尖与肘尖皆向正南，手心向下。眼看剑尖指向（图 3）。

图 2

图 3

3. 动作微顿。左脚向前迈出脚尖点地、身体左转至胸向东南，右腿随之屈膝蹲平成左虚步。在左脚向前迈出的同时，左手以剑柄经左膝前向左划弧摆挂至左胯侧，手心向后，剑身直立；剑诀向前（正南）直插，手心向左，手指向前，两臂形成对拉内劲。眼看左方（正东）(图 4)。

图 4

要点提示：此势意在用剑柄拨开对方器械，用剑诀直刺咽喉、眼睛或某穴位。剑柄经左膝前划弧摆挂要迅速，剑身直立亮出，剑诀前伸有力。拧身后坐两臂伸直形成对拉势，动作舒展，劲力饱满，有豁然展现气势。

三、古树盘根（持剑扣腿独立平衡）

1. 左脚向前活半步，身体重心随之前移、左脚踏实、右脚上步与左脚并立、身体挺直。左手持剑随步向左前方拉起与肩平，手心向下，剑诀合向剑镡旁，手心向下。眼看剑诀（图 5）。

2. 动作微顿。右腿向右侧伸出、左腿全蹲成右仆步。同时，剑诀落于左肩窝前，指尖向上，手心向左。左手持剑稍向后伸展。眼看右腿伸出方向（图 6）。

图 5

图 6

3. 动作不停。两脚不动。剑诀手心向下经右脚面向身后划弧平摆、伸向右侧，虎口转向下、手心向身后。左手持剑与剑诀同步向右俯身划弧屈臂平摆，左小臂置于胸前，手心向下，剑尖向正南。眼看仆步方向（图 7）。

4. 动作不停。身体迅速左转，重心后移向右腿、右腿全蹲、左脚回收扣于右腿膝窝成扣腿独立平衡势，胸向东略偏南。在左腿回收的同时，左手以剑柄迅速经左膝前向左摆卦至左膝外侧，剑身直立，手心向后。剑诀随转身兜腕收至右耳侧，手心向里，指向前方。眼看剑诀指向（图 8）。

图 7

图 8

要点提示： 此势意在用剑柄拨开对方器械，静以观变，蓄势待发。完成扣腿独立平衡势时，剑柄摆挂、左脚回收扣膝、右腿全蹲、剑诀收至耳侧同时完成。此动是在快速、大幅度摆动下完成全蹲扣腿独立平衡，要求动若疾风，静如山岳，有较大难度，除掌控好身体重心外，气沉丹田固住气、全神贯注凝住神、左手握剑和剑诀兜腕挺劲是掌控平衡的重要要领。

四、仙人指路（弓步剑诀前插）

1. 剑诀、右脚不动。左脚前伸铺平，左手持剑稍向后摆至左胯旁。眼看左腿伸出方向（图 9）。

2. 动作不停。左腿屈膝前弓、右腿撑直成左弓步，左手持剑置于左胯旁，手心向后，剑身直立。剑诀随弓步向前直插，手心向左。眼看剑诀指向(图 10)。

图 9

图 10

要点提示：此势意在承接上动用剑柄挂开对方器械后，用剑诀直插其咽喉或眼睛。两臂对拉，力贯指尖。剑身垂直不歪斜。动作过渡皆以裆胯劲平送，没有明显起伏。

五、白蛇出洞（虚步扎剑）

1. 右脚不动，左手以剑柄向前、向右、向后划弧平摆屈臂至右腰侧，手心向下、剑尖向前（正东）。上体随剑右转后坐、右腿蹲平、左脚收回半步脚尖点地成左虚步，胸向东南。剑诀随之收至剑柄下，手心向上，指向剑尖。眼看剑尖前方（图 11）。

图 11

2. 上动微顿。虚步不变。右手接剑以阳剑向前下方扎出，手心向上。上体随扎剑向前探出，胸向正东。同时，左手握成剑诀向后上方伸直，手心向前上方。眼看扎剑方向（图 12）。（以下动作除收势改为右手剑诀外，其余皆为左手剑诀。）

图 12

要点提示：此势意在扎对方腹部。要求拧腰、顺肩、含胸、前探；剑法轻快、顺达，力达剑尖。

六、鹞子钻天（提膝撩剑）

右臂外旋以剑刃前部直臂捲腕上撩，手心捲向右后。身体随撩剑前移、左脚踏实、左腿挺直、右腿屈膝提起脚面绷直成提膝左独立式，剑、臂成一垂直线。剑诀随撩剑由上向前下方内旋直插，手心向左。眼看剑诀插出方向（图 13）。

图 13

要点提示：剑上撩和剑诀下插两手手背相错运行，两臂有拧绞对拉劲，将撩剑的力点和剑诀插出的力点表现出来。上撩下插都具攻击性。

七、金针入地（提膝反手下刺剑）

右脚向前落步右腿挺直、左腿屈膝上提成提膝右独立势。右臂随右脚落步内旋反手向前下方刺剑，手心向右、虎口向下。同时，左小臂外旋、与右手手背相错向上穿出伸直，手心向右后。眼看刺剑方向（图 14）。

图 14

要点提示： 两手有对穿拧绞劲。

八、扬鞭催马（提膝独立撩剑）

独立势不变。右臂微向左划弧蓄劲，接着外旋捲腕直臂在面前向上撩剑，手心向后，剑臂成一垂直线。同时，剑诀下落经左胸前、左腋下向左水平穿出，手心向后。眼看前方（正东）（图 15、图 15 附图）。

要点提示：两臂、两肩有整体拧绞力，上下贯通、左右均衡，力达剑刃前部。

图 15

图 15 附图

九、力劈华山（扣腿独立平衡抡劈剑）

右手向前直臂立剑下劈，剑臂成一水平直线，手心向左。左脚随剑向前落步、左腿蹲平、右脚扣在左腿膝窝成扣腿独立平衡势。同时剑诀兜腕弧形回扣于头左上方，指向劈剑方向，手心向左。眼看劈剑前方（图 16）。

要点提示：左脚上步步幅宜大，有向前的动势。立势要定，动作要合，劲力要整，气势雄沉，力达剑刃前部。

图 16

十、翻身探海（翻身弓步反劈剑）

右臂外旋向上经体前向身后（正西略偏北）翻身直臂反手抡劈剑，拧腕、虎口向下、手心偏向右上。身体随剑重心后移并右转翻身、左脚掌原地碾转、右脚向前（正西略偏北）迈出一大步、右腿弓出、左腿撑直成右弓步，身体微前倾。同时，剑诀向后上方伸出，手心斜向上，两臂伸展在一个立面内略成一直线下斜，剑尖不高于膝。眼看劈剑前方（图 17）。

图 17

要点提示：翻转身以腰胯为枢纽，不起伏，且迅捷。弓步宜大、松胯沉裆。两肩同时抻展、两臂外旋含拧绞劲，以加大劈剑力度。劈剑以肩关节为轴，浑圆雄沉，力达剑刃前部。

十一、灵猫扑鼠（上步弓步下刺剑）

1. 右脚不动、左脚向前（正西略偏北）一步，两手臂同时外旋向下向外划弧挂剑，手心皆向上。眼看挂剑（图 18）。

2. 动作不停。右手持剑转腕连续向下、向后经身体右侧向上、向前划一立圆，手心向左。同时，右脚随剑向前一步、剑诀合向剑镡旁，手心向下。眼看前方（图 19）。

图 18

图 19

3. 动作不停。右腿大腿蹲平、左脚向右脚内侧上步、脚尖点地成左丁步。右手持剑随丁步提收到右耳侧，手心向内，剑身斜下约 45°。剑诀仍合在剑镡旁不变，手心向剑镡。眼神聚向前下方一点（图 20）。

4. 动作不停。左脚原地踏实、右脚向前一大步弓出、左腿撑直成右弓步。右手持剑随弓步向前下方刺出、剑诀向身后伸出，成弓步下刺剑。两手手心皆与胸前方向一致。眼看刺剑方向（图 21）。

图 20

图 21

要点提示：连续上步是走行步，轻捷、快速、沉稳，犹如猫行。剑的动作在行步中完成。行步脚法要求抓、扒，脚心空。静心沉气，眼睛盯住目标不动。刺剑与弓步同时完成，整齐合一。猫扑老鼠在于凝气蓄神、动作整齐，一扑而就。

十二、金针入地（提膝反手下刺剑）

1. 左脚不动。右臂内旋向左、向下、向外、向上划弧提剑至体前，右手与肩平，手心向右，剑约成 45°角下垂。身体随提剑后移、右腿屈膝收提至胸前脚面绷直、左腿挺立成提膝左独立势。同时，剑诀合向剑镡，手心向右。眼看剑身（图 22）。

2. 动作不停。独立势不变，右臂内旋螺旋向前下方反手刺剑，手心向右、虎口向下，剑、臂一直线。同时，左臂外旋、剑诀向上伸直，手心向右后方。眼看刺剑方向（图 23）。

图 22

图 23

要点提示：提剑不要做成抽剑。提剑先是微向左、向下划弧蓄劲，然后紧接向外、向前、向上划弧提剑，提中有拨，是小臂上提与腕力外拨的结合，含胸收腹、右腿内收、两臂与胸撑圆、提腕，有拨开闪让意味，防守型剑法。刺剑两手有拧绞劲，力达剑尖。先提后刺，即先化后击，连贯一气。

十三、举火烧天（蹬脚豁剑）

左腿独立不变。右臂外旋直臂捲腕向上豁剑，手心向左后。同时，右脚蹬出，右膝挺直，脚尖勾起，力达脚跟。左臂随蹬脚内旋、剑诀经体前向前螺旋直插至右脚内侧，手心向前略偏外。眼看右脚蹬出方向（图 24）。

图 24

要点提示： 豁剑剑法由下向上向外扬起，有裂开的意思，与撩剑略差别。豁剑与蹬脚同时完成，气势挺拔。

十四、回头望月（俯身独立平衡后斩剑）

右脚向前落步右腿挺直、俯身、左大腿后掀、小腿勾起脚面绷直成俯身独立平衡势。同时，右手持剑向身后（正东）阳剑平斩，手心向上；左臂回弯、剑诀置于头左侧，手心向外，指向剑尖。眼看斩剑方向（图 25）。

图 25

要点提示： 此势有闪躲伏身回击、败中取胜之意，有回转发力气势。两臂撑圆，剑靠近左脚。俯身平衡与回头斩剑同时完成，犹如回头望月。

十五、白猿献果（弓步斩剑）

右脚不动。右手持剑经胸前向左（正西）斩出，手心向上，剑前刃与头平。身体随剑向左转身至胸向正西、左脚向前落步弓出、右腿撑直成左弓步。同时剑诀合于剑镡旁，手心向下。眼看斩剑方向（图 26）。

图 26

要点提示：此势意在斩对方颈部。沉肩坠肘，胸前虚空圆满，腕部用力达剑刃前部。

十六、翻身探海（翻身弓步反劈剑）

右臂外旋向上经体前向身后（正东）翻身直臂反手抡劈剑，拧腕、虎口向下、手心偏向右上。身体随剑重心后移并右转翻身、两脚以脚掌随转身原地碾转、右腿弓出、左腿撑直成右弓步，身体微前倾。同时，剑诀向后上方伸出，手心斜向上，两臂伸展在一个立面内略成一直线下斜，剑尖不高于膝。眼看劈剑前方（图 27）。

图 27

要点提示：参看第十式。

十七、鹞子穿林（拧身跳步撩剑弓步刺剑）

1. 右脚位置不动，右腿保持屈膝蹲平。右脚跟内收、左肩引领向前缩身拧转钻进、左手剑诀随之回收经胸前向前下方内旋插出，手心向左、虎口向下。同时，右臂内旋向上、向后划弧挂剑，剑柄置于右耳侧，手心向外。左脚随拧身扣于右膝窝。眼看剑诀指向（图 28）。

2. 动作不停。两腿姿势不变。右臂继续内旋向上、向后拧身挂剑，手心向外翻撑。剑诀继续前伸，手心向身后。眼领剑行（图 29）。

图 28

图 29

3. 动作不停。右手持剑继续向后划弧，左脚向前落步、身体钻进、左手自然摆向身体左侧，手心向后。眼看前下方（图30）。

4. 动作不停。右脚向前一步、随即跳步落地，左脚提起成提膝右独立势。右手持剑在跳步的同时顺右腿向前、向上划弧撩剑、右脚落地时剑柄

图 30

收于左胸前，手心捲向内。同时，剑诀合抱于剑镡旁，手心向下。眼看前下方（图 31）。

5. 动作不停。右手持剑向前下方立剑刺出，手心向左。左脚随剑向前落步左膝弓出、右腿撑直成左弓步。同时，剑诀向后上方伸出，手心方向与右手一致，两臂伸直成一直线。眼看刺剑方向（图 32）。

图 31

图 32

要点提示：此势先是扣腿全蹲缩身挂剑，以缩、小、绵、软、巧的身法拧身翻转贴地钻进，犹如鹞子穿林。撩剑与跳步同时完成。撩出后回收于胸前是蓄劲，然后意、气、形全部贯注于刺剑。整个动作圆活走化，顺势钻进，有缩有放，有合有开，变化得当，是功力门剑术中一个有代表性的动作。图 28 所示动作在本书是意在表达缩身钻进，故右脚跟内收；若意在向外翻身外挂，则右脚尖外摆为宜，以求身法步法协调。由此可见，套路演练像写文章，意在表达作者思想，故应张扬个性，不是千人一面。

十八、翻身探海（翻身弓步反劈剑）

右臂外旋向上经体前向身后（正西）翻身直臂反手抡劈剑，拧腕、虎口向下、手心偏向右上。身体随剑重心后移并右转翻身、两脚以脚掌随转身原地碾转、右腿弓出、左腿撑直成右弓步，身体微前倾。在右臂外旋向上抡剑时剑诀收向体前、两臂交叉；当剑在翻转身反手向下抡劈时，剑诀向下、向后上方划弧伸出，手心斜向上，两臂伸展在一个立面内略成一直线下斜，形成对拉。剑尖不高于膝。眼看劈剑前方（图 33）。

图 33

要点提示：参看第十式。两臂交叉划弧要连贯圆活，一气呵成，不可停顿。

十九、乌龙摆尾（撤步盘腿独立斩剑）

1. 左脚不动，右脚后撤一大步成左弓步。随撤步右手持剑向下、向后、向上、向前（正西）划一整圆劈出，手心向左，剑与肩平。剑诀合于剑镡旁，手心向下。眼看劈剑前方（图 34）。

图 34

2. 动作不停。以阳剑向右（正东）平斩，剑与肩平，手心向上。身体重心随剑右移、右脚尖外摆、右腿蹲平，左腿平盘于右腿上成盘腿独立平衡势，胸向北微偏东。左小臂随之屈臂、剑诀收于左肩窩前，手心向内，指向剑尖。眼看斩剑方向（图35、图 35 附图）。

图 35

图 35 附图

要点提示：右腿蹲平，左腿盘平，上体直立且有向斩剑方向的动势，力达剑刃前部。

二十、凤凰旋巢（翻身挂劈俯身独立平衡豁剑）

1. 右脚位置不动。左脚向左前（西偏北约 30°）落步、身体重心随之移向左腿、右脚前脚掌着地脚跟提起、两腿自然站立成后点步。右手持剑随左脚移步向下、经体前向左、向上、向右划一立圆向右腿方向抡臂下劈，手心与胸前一致。剑诀随剑向下、向左、向上划弧，置于头部左上方，手心与右手一致，指向剑尖。眼沿挂劈剑立圆轨迹领剑，看向劈剑前方（图 36）。

图 36

2. 动作不停。以左脚为支点，右脚向左腿前上一大步同时向左翻身转体。右手持剑随右步沿右腿外侧向前、向上划弧、随翻身向前下方劈出，手心向左。剑下劈时左脚迅速撤向右脚并步站立。同时，剑诀落于剑镡旁，手心向下。眼看劈剑前方（东南）（图 37）。

3. 动作微顿。左脚向身后撤一大步、脚前掌着地脚跟提起、右腿自然站立。同时，剑落于右胯侧，剑身水平稍下斜，手心向下。剑诀向左上方撑起，手心翻向外，指向剑尖。眼看剑尖（图 38）。

图 37

图 38

4. 动作不停。两脚位置不动。两脚掌碾地、身体向左后翻转身约 360°后向东南迅速下坐成坐盘势。右手持剑随转身经体前向上、翻转向下、再经体前向左上方（东北）穿刺，手心捲向上。剑诀随转身由上向左、向下划弧合于剑镡旁，手心向下。眼看刺剑方向（图 39）。

5. 动作微顿。左脚不动，右小臂外旋、手腕外拧向右上方豁剑，手心向身后。同时，剑诀向左下平伸，手心向左下方，两手对拉。左腿随豁剑挺起、右大腿后掀、小腿勾起脚面绷直、上身前俯成俯身独立平衡势。眼看正东（图 40、图40 附图）。

图 39

图 40

图 40 附图

要点提示：此势意在挂开对方来剑接着撤步翻身劈出（图36、图 37）和挂后穿刺（图 38、图 39）、起身豁挑（图 40）。整个动作在连续转身中剑遮掩身体钩挂，要求连贯、圆活、形成旋转势（身随剑转，剑掩身行），犹如凤凰围绕巢窝飞转。神话传说凤凰回窝前先围绕巢窝飞三圈才回窝。坐盘要果断迅速，剑自身前向左上方穿出要凸显出其不意的灵气。俯身独立平衡豁剑动作整齐划一，劲力整合，力达剑刃前端，有豁然展开气势。

二十一、金鸡抖翎（跳步提膝下截剑）

左脚蹬地跳起提膝、右腿收向体前落步挺直成提膝右独立势。同时，剑经面前向右下方以抖弹劲划弧截剑，手心向下；左臂外旋、剑诀向右、经胸前向上划弧，置于头左上方，手心向右后，指尖向上。眼看截剑方向（图 41）。

图 41

要点提示：此势意在当对方向我右下方击来，我迅速换跳步直接迎击对方手腕或器械。截剑与左脚弹起、右脚落地同时完成，用抖弹崩炸劲，犹如金鸡抖翎。动作紧凑、干脆、直截了当，力达剑刃前端。跳步要轻，落步要稳。左手剑诀有外旋拧腕内力，与右手形成拧绞对拉势。

二十二、白猿献果（弓步斩剑）

左脚向前（正东）落步弓出、右腿撑直成左弓步。同时向胸前斩剑，前刃与头平，手心向上；剑诀合于剑镡旁，手心向下。眼看斩剑方向（图 42）。

图 42

要点提示：参见第十五式。

二十三、力劈华山（扣腿平衡抡劈剑）

1. 左脚不动，右脚上步脚尖点地、左腿蹲平成右虚步。同时右手持剑随右步向右前下方外拨，手心向上；剑诀向左后方伸直，手心向上。眼看拨剑方向（图 43）。

2. 动作不停。左脚向前一大步，屈膝，大腿蹲平、右脚勾于左腿膝窝成扣腿平衡左独立势。右手持剑随步向后、向上、向前划一立圆抡劈，手心向左；剑诀向前、向下、向后、向上划一立圆置于头左上方，兜腕，指向剑尖，手心向左。眼看劈剑前方（图44）。

图 43

图 44

要点提示：抡劈剑与剑诀划圆、上步要协调；劈剑、剑诀兜腕与扣腿平衡同时完成。两臂抡圆。扣腿平衡独立势拧腰顺肩，稳中有前劈动势。

二十四、翻身探海（翻身弓步反劈剑）

右臂外旋向上经体前向身后（正西）翻身直臂反手抡劈剑，拧腕、虎口向下、手心偏向右上。身体随剑重心后移并右转翻身、左脚以脚掌随转身原地碾转、右脚向正西迈出一大步、右腿弓出、左腿撑直成右弓步，身体微前倾。同时，剑诀向后上方伸出，手心斜向上，两臂伸展在一个立面内略成一直线下斜，剑尖不高于膝。眼看劈剑前方（图 45）。

图 45

要点提示：参见第十式。

二十五、收缰勒马（撤步提膝提剑）

1. 面向方向不变，左脚位置不动。右脚撤向左脚后一大步屈膝全蹲、左腿随之自然弯曲。右手持剑随右脚后撤在体侧向下、向后、向上、向前划一立圆挂劈，手心向左；剑诀由后向上、向前合于剑镡旁，手心向下，两手一起收于左腿内侧，剑身斜立。眼看前方（图 46）。

图 46

2. 动作不停。右脚不动，右手以剑柄带动剑身与剑诀一起向腹前、胸前划弧上提至右耳侧剑尖下垂约 45°、右手心向耳。身体重心随提剑后移右腿挺直、左腿屈膝提起、脚面绷直成提膝右独立式，剑诀仍附于剑镡旁不变。眼看前方（正西）（图47）。

图 47

要点提示： 撤步下蹲要松腰沉胯，提剑有回带、提拨的化劲，动作要连贯、轻灵。提膝独立式含胸、提胯、竖项，定中有动势。两肘相合以求紧凑、劲整。

二十六、弩箭穿心（上步弓步刺剑）

左脚向前落步、脚尖外展，右脚紧接向前一大步弓出、左腿撑直成右弓步。同时，右手持剑下落至右腰侧与右步迈出一起立剑直刺，剑诀向身后伸出，两手心与胸前一致，剑臂约成一水平线。眼看刺剑方向（图 48）。

图 48

要点提示：刺剑有贯穿性，犹如弩箭穿心。动作伸展，意念远放，意远劲长。

二十七、蟠龙戏珠（上步抹剑弓步刺剑）

1. 右手以阳剑向左（正南）平抹，剑尖指向正前方（正西）。左脚随剑横上（正南）一步屈膝蹲平、右脚收向左脚内侧、脚尖点地成右丁步，胸向南略偏西。剑诀与右手相合于胸前，手心斜向上，两肘内收下坠，缩身下蹲。眼看剑尖指向（图49）。

图 49

2. 动作不停。左腿不动，右腿向后蹬直成左弓步。同时，右手持剑以阳剑向右（正西）平扎；剑诀向左平伸，手心向上，胸向正南。眼看扎剑方向（图50）。

图 50

3. 动作微顿。右手翻手以阴剑向右平抹，剑柄收至右腰侧，手心向下，剑尖向前（正西）。右脚随抹剑脚尖外摆、右腿蹲平、左脚收向右脚内侧脚尖点地成左丁步，胸向西北。剑诀随剑合于剑镡旁，手心向下。眼看剑尖指向（图 51）。

4. 动作不停。左脚原地踏实，右脚向前一大步弓出、左腿撑直成右弓步。剑自腰部随右步向前立剑直刺，手心与胸前一致，剑臂成一水平线。同时，剑诀向身后平伸，手心方向与右手同。眼看刺剑方向（图 52）。

图 51

图 52

要点提示：抹剑以剑刃滑动平割对方胸部或颈部，力达剑刃前部。左右平抹，左顾右盼，圆活轻灵，幅度宜大，犹如蟠龙戏珠。步法敏捷平稳不起伏。其中图 49、图 51 为过渡动作，不要拘泥、停滞。刺剑要犀利，姿势舒展，力达剑尖透出。

二十八、推窗望月（俯身坐盘斩剑）

1. 两脚位置不动。右手持剑捲腕带剑至头部左侧，略高于头，手心向内。身体随剑左移闪身、左脚尖外摆、右脚尖内扣、左膝弓出、右腿撑直成左横裆步。同时，剑诀摆向身后，手心向后。眼看剑身（图 53）。

2. 动作不停。右脚不动，右小臂内旋向右上方翻腕斩剑，手心略向外推，臂伸直。左脚随剑迅速顺右腿后插、下坐成坐盘势。剑诀随剑内旋向左、向上划弧摆至头左上方，兜腕，手心向前、指向剑尖。眼看斩剑方向（图 54）。

图 53

图 54

要点提示：捲腕带剑到翻腕斩剑是先化后击剑法。带剑意在剑脊，有粘黏劲；由带到斩用腕力，过渡圆圈尽量小，配合剑诀的兜腕，使斩剑剑法紧凑有爆发力。坐盘动作要迅速，上身下俯。

二十九、抹云指日（俯身旋转抹云剑）

1. 保持俯身坐盘姿态左转身以阴剑直臂平抹，剑臂略成一直线，手心向下。同时剑诀随转身经左腋窝向身后反插，边转身手心边翻向上、向身后上方伸出。眼领视剑身（图 55）。图 55 所示为磨盘转动的某一时态，不是定势，不必拘泥，演练时以剑臂一直线平抹剑法为准。

2. 连续转身。转身快接近正西时头略上仰、剑在脸上方顺时针划一平圆正云剑，云剑完成随即伸臂、手心捲向左后，剑尖直指上方，同时剑诀伸向左下方，手心向后下，指向前方。左腿随之铺直、右腿全蹲成左仆步。眼看前方（正西）（图 56）。

图 55

图 56

要点提示： 俯身转体胸尽量贴近地面。抹剑保持剑的平稳，力达剑刃。边抹剑剑诀边向身后反穿上翘。云剑用腕力划平圆，贴近脸部。整个动作保持下盘沉稳转动，俗称磨盘剑，对腰腿裆胯功夫要求较高。

三十、哪吒探海（提膝下刺剑）

1. 重心前移、左脚尖外摆、以左腿为支点起身、左腿挺直、右腿屈膝提起成提膝左独立式，胸向西南。剑顺右腿向前（正西）手心向上正手撩出后收抱于左胸前，手心转向胸，剑尖略下斜；同时剑诀合向剑镡旁，手心向下。眼看撩剑方向（图 57）。

2. 动作不停。右脚向前落步、左腿提膝脚面绷直成提膝右独立势。右手持剑随势向前下方探身刺出，虎口向上，手心与胸前方向一致。同时，左臂内旋、剑诀上举至头左上方，手心向外，指向剑尖。眼看刺剑方向（图 58）。

图 57

图 58

要点提示：起身撩剑时右腿要提膝紧收，剑贴近右腿外侧向前撩出。刺剑与右独立势同时完成，探身远够，力达剑尖。

三十一、开弓放箭（回身弓步刺剑）

1. 右腿独立不变。身体以右脚为支点碾地左转至胸向东南、面向正东。随转身坐腕崩剑，剑置于右胯侧，剑尖向前、微下垂，手心向里。剑诀直指前方，虎口向上。眼看剑诀指向（图59）。

2. 动作微顿。右脚不动，右手持剑立剑前刺，手心向左。左脚随剑向前一大步弓出、右腿撑直成左弓步。同时，剑诀合向剑镡旁，手心向下。眼看刺剑方向（图 60）。

图 59

图 60

要点提示：保持身体中轴直立，转身要快速，立势要定住。

三十二、开弓放箭（上步转身弓步刺剑）

1. 右脚向前一大步、继而以右脚为支点碾地左转身一周，随转身左腿向胸前提膝、右腿挺直成提膝右独立势；剑诀随身沿左腰侧向身后穿插置于左腰侧，手心向下；右手持剑以剑尖引导亦沿左腰侧随转身向身后穿插，置于右腰侧，剑身斜向下，手心向下，两手稍向后拉。眼看前方（图 61）。

2. 动作不停。右脚不动，右手持剑向前立剑刺出，手心向左。左脚随之向前一大步弓出、右腿撑直成左弓步。同时剑诀合向剑镡旁，手心向下。眼看刺剑方向（图 62）。

图 61

图 62

要点提示：保持身体中轴直立。剑诀和剑同时随转身沿左腰侧向身后穿插，剑诀在前剑在后。穿插要贴身隐蔽，转身后突然弓步刺出，出其不意。

三十三、湘子提篮（转身跳步盘腿独立扎剑）

1. 左脚位置不动，右脚经左脚前向前上步（正东），屈膝、脚尖外摆。左腿随之弯曲、脚跟抬起。两腿屈膝交叉。同时，右手持剑屈臂、剑尖在体前向右水平划弧横置于胸前，手心向内，剑尖向右（正西）；剑诀附于剑镡旁不变，手心向下。上体随剑右转回身微前俯，眼看剑尖（图 63）。

2. 动作不停。两臂抱剑姿势不变，左腿屈膝提起、脚尖下垂以右腿为轴、右脚碾地右转身，眼看剑尖（图 64）。

图 63

图 64

3. 动作不停。连续右转体至胸向正北时右脚原地垂直蹬跳、左脚落于右脚内侧，左腿屈膝、大腿蹲平，右腿平盘于左膝上成盘腿独立平衡势。在左脚落地的同时迅速向右（正东）阳剑扎出、剑诀向左伸直，手心向上，两臂与剑成一直线。眼看扎剑方向（图 65、图 65 附图）。

图 65

图 65 附图

要点提示：整个动作保持低势不起身，动作连贯，突出转身扎剑意识。

三十四、子牙垂钓（弓步探身下刺剑）

1. 左脚蹬地跳起并右转身至胸向东南、右脚落地右腿挺直、左膝提起成提膝右独立势。随跳步转身将剑柄提至右耳侧，手心向外，剑身斜下垂，剑尖指向正东斜下方。同时，剑诀收至剑镡旁，手心与右手一致。眼看剑尖指向（图 66）。

2. 动作不停。右脚不动，右手持剑与剑诀一起向前下方刺出，虎口向下，两手心皆向外。左脚随剑向前一大步屈膝弓出、右腿撑直成左弓步，身体前探，剑柄高于头，剑尖约成 45°下垂。眼看刺剑前方（图 67）。

图 66

图 67

要点提示：提剑要领参见第十二式。刺剑要探身、松肩，力达剑尖，刺其腹部。

三十五、翻身探海（翻身弓步反劈剑）

右臂外旋向上经体前向身后（正西）翻身直臂反手抡劈剑，拧腕、虎口向下、手心偏向右上。身体随剑重心后移并右转翻身、两脚以脚掌随转身原地碾转、右腿弓出、左腿撑直成右弓步，身体微前倾。同时，剑诀向后上方伸出，手心斜向上，两臂伸展在一个立面内略成一直线下斜，剑尖不高于膝。眼看劈剑前方（图 68）。

图 68

要点提示：参见第十式。

三十六、玉女卷帘（左横步坐盘撩剑）

向左前方（西南）捲腕撩剑，手心捲向内偏右。左脚随剑上步、右脚随之向左脚后插步两腿交叉盘坐成坐盘势。同时，剑诀合于剑镡旁，手心向下，两手位于腹前。眼看撩剑方向（图69）。

图 69

要点提示：此势有自下向上寻隙巧进意味。撩剑要贴地捲腕向左后方上撩，力达剑刃前部。左脚上步以裆胯劲平送，不起身。坐盘姿势含胸缩身，两腿夹紧，右肩尽量向地面贴近。

三十七、蟠龙出洞（回身提膝扎剑）

1. 左脚不动，右手持剑向右（东北）猛力横击，手心向上，剑与肩平。上体随剑右转、右腿向右迈步弓出、左腿撑直成右弓步。同时，左臂内旋、剑诀向左伸直、手心翻向后，两臂、前胸与剑展成一水平直线。眼看剑前端击出方向（图 70）。

2. 动作不停。左转身至面向西南、胸向正西，右腿全蹲、左腿铺平成左仆步。右手随身迅速兜腕向胸前平崩剑，置于右臂前，剑尖指向左侧，手心向下。同时，剑诀迅速收向左腋下反插穿出，手心向后。眼看剑尖指向（西南）（图 71）。

图 70

图 71

3. 动作不停。重心前移、左腿迅速挺直、右腿屈膝收于体前成提膝左独立势向前扎剑，剑身水平、手心向下。同时，剑诀合于剑镡旁，手心向下，剑、臂成一水平线略低于肩。眼看扎剑方向（图 72）。

图 72

要点提示： 剑的横击要展胸、展腹、转腰，力达剑刃前部。横击后立即借助身体展开的弹性恢复力兜腕回崩，并与剑诀的反插穿出劲力相合，用爆发力，有弹性。起身要快速，与扎剑同时完成，劲力完整。

三十八、流星赶月（翻身弓步劈剑）

以左脚为支点向后（东北）碾地转体、右脚随之落步屈膝弓出、左腿撑直成右弓步。同时，右手持剑向上经体前向身后直臂抡劈与肩平，虎口向上，手心与胸前方向一致；剑诀向下、向外、向上弧形摆至头左上方，手心与右手同，兜腕，指向剑前端。眼看劈剑前方（东北）（图 73）。

图 73

要点提示：抡臂圆活，劈剑雄沉，剑有掠空而过的气势。剑诀兜腕与劈剑合力，控制落点。

三十九、叶底藏花（侧身提腿后撩剑）

右脚不动。右腿挺立起身、左腿屈膝提起收于腹前、左小臂横收于胸前剑诀指向右，手心向下。同时，右手持剑向下、经体前沿左腿外侧在左小臂下捲腕向左后（正西）撩出，手心向上。眼看撩剑方向（图 74、图 74 附图）。

图 74

图 74 附图

要点提示：撩剑时身体尽量拧裹，左腿提起有闪躲之意。剑藏在左小臂下撩出，出剑隐蔽。

四十、鹞子寻食（跳步转身坐盘下刺剑）

1. 右脚不动。右腿自然站立。左脚向左侧落步，脚尖向前（正西）。右手落于腹前，手心向上，剑诀附在剑镡旁不变。眼看剑尖（图 75）。

2. 动作不停。身体重心前移、左脚蹬地起跳，右臂借势内旋向跳步方向（正西）以剑尖引导向前、向上、继而回

图 75

转经面前向右下反手下穿刺，虎口向下，手心向身后。在右脚落地、左腿插向右腿膝窝两腿盘坐成坐盘势的同时将剑完全刺出，手心向后，胸向正南。剑诀随剑向下、向左、向上、在完成坐盘下刺剑的同时摆至头左上方，兜腕，指向剑尖，手心与胸前方向一致。眼看刺剑方向（图76）。

图 76

要点提示： 剑上穿与左脚蹬地跳起身体腾空同时完成；下刺与坐盘同时完成。上穿、下刺剑最好都在空中完成，有腾空造型动作。

四十一、鹞子翻身（翻身丁步劈剑）

两脚以脚掌碾地左翻身转体、在转身即将完成时左脚向前（正西）一大步屈膝蹲平、右脚跟步至左脚内侧脚尖点地成右丁步，胸向西南。右手持剑随身抡臂向正西劈剑，剑、臂成一水平线，与肩同高，虎口向上。同时，剑诀向上、向前、向下、向后、向上划一立圆摆至头部左上方，手心与胸前方向一致，兜腕，指向剑刃前端。眼看劈剑前方（图77）。

图 77

要点提示： 以腰椎为轴、以剑诀领劲、以裆胯为动力翻身转体，不起身。劈剑、剑诀到位与丁步同时完成。

四十二、孤雁出群（上步丁步刺剑）

1. 右脚向后撤一大步屈膝蹲平、左脚随之收到右脚内侧、脚尖点地成左丁步。同时，剑诀落于剑镡旁、两手心相对一起向腹前回抽。眼看前方（图 78）。

2. 动作不停。左脚向前一大步、右脚随之跟步至左脚内侧脚尖点地成右丁步，胸斜向西南。在右脚上步的同时向前立剑刺出，虎口向上，剑臂一条线，与肩平；剑诀撑于头左上方，手心向外，指向刺剑方向。眼看剑尖前方（图 79）。

图 78

图 79

要点提示：气沉丹田走裆胯，身体平稳不起伏。抽剑如夹缝中取物。刺剑前突，似孤雁出群。

四十三、拨草寻蛇（撤步拨剑提膝下刺剑）

1. 胸前方向不变，左脚不动。右脚向右后撤一步，两腿弯曲保持原高度。两手随步同时下落至胯两侧自然下垂，手心皆向下。眼看前下方（图 80）。

2. 动作不停。右脚不动，右腿仍保持弯曲。左脚沿右腿后撤步、脚前掌着地，身体重心偏于右腿。同时，右臂外旋手心向上向左前方划弧拨剑，剑尖低于膝；剑诀合向剑镡旁，手心向下。眼领看拨剑（图 81）。

图 80

图 81

3. 动作不停。左脚不动，右脚迅速经左腿前向右撤步、两脚掌踏地、两腿屈膝自然下蹲，胸仍向西南不变。两手随步快速回收至两胯侧，手心皆向下。剑尖、剑诀皆指向前方。眼看前下方(图 82)。

4. 动作微顿。右腿快速挺直、左腿屈膝上提成提膝右独立势。同时，右臂内旋前下刺剑，虎口向下、手心向右；左臂外旋剑诀指向上方，手心向左后。眼看刺剑方向（图 83）。

要点提示：拨剑、回抽、刺剑眼神盯住一点不动。刺剑与独立势同时完成，两手手背相错而运、手腕有拧绞劲。该势一拨一刺有

图 82

图 83

拨开草木发现莽蛇立即刺出的神情与气势。闪展腾挪，探肩舒臂，全身劲力合向一点，动作整齐划一、干净利落，力达剑尖。

四十四、玉女卷帘（俯身坐盘后撩剑）

左脚向身后（东北）落步、右脚向左腿后插步俯身坐盘。右臂随步边外旋边向下经体前向左上方捲腕撩剑，手心向上，剑诀合向剑镡旁，手心向下。眼看撩剑方向（图 84）。

图 84

要点提示： 坐盘姿势要缩小紧凑，右肩尽量向地面贴近。剑贴近身前在左臂下撩出。

四十五、轻云蔽日（俯身坐盘崩剑）

右手持剑与剑诀一起向右（西南）阳剑划弧平摆，右脚随剑上一大步弓出后左脚迅速插入右膝后成坐盘势。剑随坐盘势迅速回崩于右臂和头上方，手心与胸前方向一致。剑诀收于右肩前，手心向右。眼看剑尖（图85）。

图 85

要点提示：剑的平摆与右腿弓出同时。回崩与坐盘同时。剑平摆与回崩连续运作不间断。剑在肩上方运行，身体遮掩于剑下。

四十六、蟠龙出洞（转身提膝扎剑）

1. 两脚位置不动、两脚掌碾地俯身左转身至胸向西北，边转身剑诀边从左腋下后穿，手心上翻；右手持剑相对身体不动。身体转至西北时两腿半蹲，两手落于两胯侧，手心皆向下，指向胸前。眼看前方(图86)。

2. 动作不停。右腿迅速挺直、左腿提膝成提膝右独立势。同时，向前阴剑平扎，剑臂一线与肩平；剑诀合于剑镡

图 86

旁，两手心皆向下。眼看扎剑方向（图87）。

图 87

要点提示： 身体转动胸尽量向地面贴近。剑诀反插向上翘起。扎剑时微含胸前探。

四十七、流星赶月（转身弓步劈剑）

剑诀向上、向左后划弧引领身体向正东左转，右手持剑随转身抡臂向正东方向立劈，两手相合与胸前，手心相对。左脚随劈剑向前落步弓出、右腿撑直成左弓步。眼看劈剑前方（图88）。

图 88

要点提示：此动意在身后。转身、抡臂、劈剑一气呵成，犹如流星掠空而过。

四十八、燕子抄水（跳步撩剑弓步下刺剑）

1. 左脚不动。右手持剑向上直臂挑挂，手心向左。同时剑诀向上、向左分平，手心向前，两臂成一水平线。左腿随之挺直、右大腿提起、勾脚尖、以脚跟向前蹬出。眼看前方（正东）（图 89）。

2. 动作不停。右脚向前落步，同时两手下落（动作过程）。眼看前下方（图 90）。

图 89

图 90

3. 动作不停。右脚向前轻跳一步站直、左膝高提至体前成提膝右独立势。右手持剑随跳步向下、向前、向上划弧撩出后屈臂回抱于左胸前，手心卷向内，剑尖向前略下垂。同时，剑诀合于剑镡旁，手心向下，左大臂抬平。眼看剑尖前方（图 91）。

4. 动作不停。右脚不动，左脚向前落步屈膝弓出、右腿撑直成左弓步下刺剑，手心向左。同时，剑诀向后上方伸直，与右臂对拉成一直线，手心与右手同。眼看刺剑方向（图 92）。

图 91

图 92

要点提示：撩剑要俯身钻进贴地上撩，似燕子抄水，奔水而去，沾水而起。

四十九、回马转锋（转身并步扎剑）

1. 两脚不动。右手以腕力将剑抱收于右肩前，手心捲向内，剑尖指向右（正西）。上身随剑右转拧身、剑诀平收于剑镡旁，手心向下。眼看剑尖（图 93）。

图 93

2. 动作不停。两手抱剑不变，以左腿为轴左脚碾地向右后转身，转至胸向正北时右脚向右横出一步，两膝自然微屈。剑尖向右，右手心向上、左手心向下。眼看剑尖（图 94）。

图 94

3. 动作不停。右脚不动。左脚并向右脚，两腿自然直立。同时，右手手心向上向右水平扎剑；左臂向左伸出，手心向上。两腿自然站立，两臂水平张开。眼看扎剑方向（图 95）。

图 95

要点提示：转身时两肘内收。右腿向右迈步贴近左脚，不可摆甩。扎剑舒展放长。

五十、泰山压顶（提膝抡劈剑）

右腿站立不动。右小臂内旋于体前下落挂剑，继而向左、向上、向右（正东）直臂划一立圆抡劈，虎口向上、手心向前。左腿随劈剑提膝收于左胸前成提膝右独立势。剑诀在剑下挂时与右臂交叉相合于腹前，右臂在外；剑向左、向上、向右划弧抡劈时剑诀随之向下、向左、向上、向右划圆至头左上方，兜腕，指向剑尖。眼看劈剑前方（图 96）。

图 96

要点提示：挂劈剑要抡圆。左脚提膝成独立势与劈剑同时完成。剑诀、提膝、支撑、伸臂、眼神要整合到劈剑力点上，有泰山压顶之势。

五十一、弯弓射虎（回身行步转身提膝扎剑）

1. 右手持剑向左回崩于头部右上方，剑尖指向正西、手心向前。同时，剑诀摆向身体左侧，臂自然伸直、手指向上、手心朝向剑尖指向，两臂对拉。左脚随崩剑向前（正北）落步，脚尖外摆、左膝外展弓出、重心移向左腿、右脚跟抬起、右腿稍弯曲撑劲，身体向左拧转成弧形。眼看剑诀指向（图 97）。

图 97

2. 动作微顿。上体姿势不变，向正西方向沿外弧线按右步、左步、右步、左步顺序走四步，左脚一经着地即以脚掌碾地左转身至胸向正东、左腿挺直、右膝高提成提膝左独立势水平扎剑，手心向下。同时，剑诀合向剑镡旁，手心向下。眼看扎剑方向（图 98）。

图 98

要点提示：行步前，俯身、拧腰、后腿撑起成弯弓形。行步轻快、平稳。行步步数可依据个人行步的弧度、步幅大小、演练场地的运用情况适当调整。

五十二、回马转锋（转身并步扎剑）

1. 以左腿为轴向右后转身、右脚随之向身后（正西）落步外摆、屈膝，重心移向右腿，左脚跟抬起、左膝微弯。右手捲腕手心向内随转身紧贴身体抱剑置于胸前。剑诀仍合于剑镡旁不变。眼看剑尖（图 99）。

2. 动作不停。转身至胸向正北时左脚向左（正西）横上一大步、右脚迅速撤向左脚、两脚相并身体挺直向右扎剑，剑诀伸向左方，两手手心皆向上，两臂、剑成一水平线。眼看扎剑方向(图100)。

图 99

图 100

要点提示：回转身抱剑要含胸、收肘、缩身，剑要隐藏不显，眼神引领剑尖。左脚横上步幅宜大、右脚回并要敏捷、闪得干净。眼神集中向剑尖，放中有收。

五十三、凤凰抬头（回身弓步崩剑）

1. 右脚向右侧（正东）横移一步、左脚向右腿后插、两腿交叉下坐成坐盘势。同时，右手持剑向下、经体前向左、向上捲腕撩出，手心向上。剑诀合向剑镡，手心向下。眼看撩剑方向（图 101）。

2. 动作微顿。左脚不动，右脚向右一大步弓出、左腿撑直成右弓步。同时，右手持剑向下经体前向右坐腕上崩，虎口向上，剑尖略翘；剑诀向后上方伸直，手心向下。眼看剑尖（图 102）。

图 101

图 102

要点提示：由坐盘到弓步以裆胯劲转换，身体不起伏。崩剑要坐腕、沉肩沉臂，用腕力突发。

五十四、收势

1. 弓步与剑诀姿势不变。右臂外旋提剑把，手心转向上偏身后，剑尖下垂。眼看剑柄（图 103）。

2. 动作不停。弓步姿势不变。右手持剑不动，左手剑诀张开变掌向前伸出、虎口对向剑柄握剑，右手原地握成剑诀。眼看剑柄（图 104）。

图 103

图 104

3. 动作不停。右脚向后（正西）撤一大步，随之右转身胸向正南、右腿铺直、左腿全蹲成右仆步。同时，左手持剑置于左臂后，左臂伸直，手心向上；右手剑诀收于左肩窝前，手心向左。眼顺仆步方向前看（图 105）。

4. 动作不停。左手持剑向体前屈臂回摆横置于胸前，手心向下。上体随剑向右转身挺起、胸向正西。同时，右手剑诀摆至右胯侧，手心向下。眼看胸前方向（正西）（图 106）。

图 105

图 106

5. 动作不停。右脚不动，左手持剑向左甩摆，收至身体左侧。同时，左脚回收并向右脚，身体直立，胸向正南微向左转；左臂自然下垂，手心向后，剑直立于小臂后；右手剑诀随转身向前、向上屈臂收于头右上方，手心向内、剑诀指向左。眼看左方(图 107)。

图 107

6. 动作微停。左手持剑不动。右手剑诀下按至右胯侧，指尖改向下、变掌，手心向内，两手自然下垂。眼平视前方（图 108）。

图 108

要点提示：剑的甩摆幅度宜大。收势神气从容、精神内敛、气沉丹田。

后 记

在撰写本书过程中，我们不时地被带回五六十年前在大连南山拳坊习武的时代。师辈们的音容笑貌时时在脑海中浮现，“习武要练出文相”的谆谆教导时时在耳边萦绕，让我们懂得了习武首先要学礼、修德，懂得容纳、谦让。师辈们的精湛武功也令我们仰望，可望而不可及。我们都是自少年起就受到老师的言传身教，拳打脚踢了几十年，但要把自身的感受提炼到理性总结，把功力门武术的内涵、特点、练功方法完美地表述出来，并非易事，深感自身能力的不足。所以，书稿写完了，仍有“书不尽言，言不尽意”之感；也深感要为武术的继承发扬做一点事情，需要武林界人士，尤其是同门师兄们的团结协作、共同努力才行。

中国的武术，本是集防身、健身、修身、表演于一体的综合性技艺，有其独特魅力。本书表露的观点，诸如打练结合、散打练法、套路演练评价等，都带有传统观念。现在武术逐渐走向一种多元化格局，出现了防身、健身、表演专门化的倾向。这是由于社会分工细化、社会需求细化而对武术要求专门化的结果，也是武术各功能得以强化的表现。在这种大格局下，如何认识和继承发扬传统武术，是我们应当继续关注的宏观问题。

南山拳坊留下来的武术遗产是丰富的。除功力门外，还有祁家门、燕青门武术。撰写本书仅是一次尝试，如果能把这次尝试继续下去，多为继承发扬中华武术做些工作，就是莫大的欣慰了。

本书脱稿时，中国武术协会《中华武术》杂志第一任编审昌沧老师已是94岁高龄，还为本书提供他当年采访李文贞的纪实材料；辽宁省武术协会顾问、大连武术协会名誉主席阎子奇老师也近80岁高龄，热情为本书拨冗作序；大连武术协会主席赵锡金在百忙之中为本书写序，给了本书作者极大鼓励，在此表示衷心感谢！

附　录

功力门一青松

昌　沧

2008年，85岁老人李文贞，真棒！身体好，精力旺，行思敏捷。书画家范权称她为“武林女杰”，徒子徒孙们称她为“一代宗师”。

三代“武林百杰”

你别看李大姐年纪大，最近还喜收高徒。她在收徒会上说：“今天对我来说，喜事连连：一喜2008年奥运会即将在北京召开；二喜武术成为特设项目，为奥运添彩；三喜我又收徒弟了。” 她收的这两位徒弟，一位是40岁的科技人才张峰，一位是36岁的人民警察贾联众。

我问他们为什么要拜李大姐为师？他们说，一是仰慕师父的高尚品格；二是为了弘扬中华武术文化；三是实际工作需要；四是防身自卫、强身健体、自娱自乐。这是1984年10月，大姐收香港武打影星梁小龙（《霍元甲》中“陈真”扮演者）为徒的24年后，新收的高徒。

这一天，可热闹了。原国家体委副主任、亚武联名誉主席徐才，在拜师会上发表了热情洋溢的讲话。他表示热烈祝贺的同时，对天津武术的发展提出了殷切希望，他说，天津在中国武术发展史上，占有极为重要的一页。出过武状元，也出过并聚集过不少著名武术家，文贞老师的父亲“大力神霸州李”茂春（1875—1939）先生就是一位；天津是我的第二故乡，60年前我就在天津，以在中学教书为掩护做党的地下工作。他又说，85岁的大姐在天津还收高徒，其贡献精神极为可贵，这也说明了中国武术具有强大的生命力。他还感慨良多地又一次提出了武术真正进入大、中、小学的重大意义。他指出：武术进入学校，可以有效地继承我国优秀的传统文化，可以增强民族素质，塑造民族形象，更重要的是振奋民族精神。他的这番话，引起了与会者的热烈共鸣！

专程由北京赶去的还有中国武术协会副主席张山、北体大教授门惠丰、阚桂香等，都对李大姐收徒表示了衷心的祝贺。

当张山介绍了张少艺在1991年第一届世界武术锦标赛上荣获女子长拳、枪术、剑术三个单项冠军和女子全能冠军，以及刘清华在第二届世界武术锦标赛上又获女子剑术冠军后，诙谐地说，经过他的“一番‘考查’，这两个运动员都是刘幼贞老师的弟子，而刘幼贞又是李文贞老师的高足”时，会场上响起了热烈的掌声。

接着，刘幼贞站起来，十分激动地说：“这都是我老师言传身教的结果！我7岁起就从老师习武，受到老师的教诲和培养，慈母似地照顾我……”这时，她热泪盈眶，激动不已，转向李老师纳头跪拜、行了大礼！又是一片热烈的掌声。随后她不无自豪地透露了一个信息：“咱祖孙三代都是20世纪90年代中期被中国武术协会等评为光荣的‘中华武林百杰’！即老师、我和我的启蒙弟子刘清华！”她接着又说，“我的点滴成就与在座的老领导、老师和师兄弟姐妹、朋友们多年的教诲与帮助分不开的”。她又周到地向他（她）们行了弟子礼！大家又兴高采烈地鼓掌！

天津武术界、文化艺术界的知名人士：国家一级演员们、著名京剧表演艺术家赵慧秋、著名舞蹈家王昆、著名歌唱家李绮，以及李大姐弟子、天津市警官学院教授、原天津武警总队武术总教官张国威、天津市防暴总队第一任和现任武术总教官于国权、杨福生等也参加了大会。

十三剑“名扬天下”

年轻的武术爱好者可能有所不知。这位李大姐可是武术界的一朵奇葩，毕生为我国武术事业添砖加瓦、积极地奉献着。早在20世纪50年代就享誉武林。

1953年，在天津举行的全国民族形式体育表演及竞赛大会上，她演练的太极十三剑二路和飞虎拳，就艺惊四座、技压群芳，荣获了特别奖。

门惠丰说，“我见过李老师演练的十三剑，的确与众不同，可以说是炉火纯青。一个‘虚步探剑’，其姿势之低，令人难以置信，真如入海探宝。一个‘独立下刺’，只见一腿独立，另一腿屈膝、提到了胸上。一个‘绷脚内扣’，一手持剑斜向直刺，另一手臂上举，剑指朝天，漂亮极了。真是‘挺如青松傲天，稳似寒鸡立冰，重若丁桩钻地’！大姐的基本功十分扎实。马步姿势之低，也令人啧啧称羡。不用助跑，就能纵身而起，一个旋风脚，且左右连打，落地‘归宗’。这不就是武林人士常说的‘旱地拔葱’‘左右开弓’嘛！这决非一日之功！成为我多年来学习的楷模。在教学中，我亦以此要求和训练我的学生们”。

就在那一年天津大会后，李大姐与其他主要获奖者一道被请到了北京。参加了由中苏友好协会总会在青年宫主办的“优秀运动员表演晚会”，受到首都各界人士的热烈欢迎。她表演了飞虎拳和太极十三剑，且把她的剑术安排在最后，为晚会的“压轴戏”。当她演练结束时，满场雀跃，这一刻把晚会引向了更高潮，经久不息的掌声，响彻夜空。

随后，李大姐作为特邀代表，被请到中南海怀仁堂，与文艺界知名人士一道，为党和国家领导同志汇报表演，又获得了成功！受到毛主席、刘少奇同志、朱老总、周总理等热烈的欢迎和接见。当周总理走到李大姐的近前，与她热烈握手时，鼓励她说：“你的十三剑练得真不错，技艺娴熟、风格特异，看得出你的功力很深厚!”一听旁人介绍她是“大力神霸州李”茂春先生的大女儿时，总理更是眉宇舒展，开怀大笑，说：“难怪这么精彩！精彩！原来是家传呀！家传呀！你要更好地继承和弘扬老先生的德艺风范!”

越二年，春节前夕，周总理还记得这位武术精英中的李文贞！特叫国家体委把她又从天津请到北京饭店来过节。在晚会上，周总理与她亲切交谈。总理诙谐地说：“我是在天津南开上学的，咱还是半个老乡呀!”这一说，把李大姐逗乐了，也显得更亲切了。总理嘱咐她要“好好继承父业，要把老先生的高尚武德和精湛的技艺整理出来，印成书，传诸后代”。她腼腆地对总理说：“我的文化不高，在旧社会才念了两年私塾!”总理又慈父般地鼓励她：“你很年轻嘛，又很聪明，只要好好地学习文化，将来不成问题。”还嘱咐她要“照顾好老妈妈和弟弟、妹妹，要找个好对象，成家过日子”。她听了总理的教诲后，努力学习文化科学知识，与师兄王子章合作整理并做动作示范，完成了《太极十三剑》。于1957年9月，由人民体育出版社出版，成为畅销书，发行数十万册。

转过年，周总理要率团访问原苏联及东欧五国——波兰、匈牙利、捷克斯洛伐克、保加利亚、罗马尼亚，又点名要李大姐随团出访。周总理不无赞赏地对她说："这会儿你的太极十三剑要走出国门，名扬天下了！"

其实，李大姐还精功力门的飞虎拳、弹腿、单刀及诸种拳械。在1959年第一届全运会武术比赛中，她荣获单项、全能三个第一名。在此前的全国武术观摩或表演大会上，也屡获优秀奖、一等奖的最高分。

为父辈自豪

李大姐的巨大成就，浇灌着她父亲茂春先生的滴滴心血。茂春先生乃一代武林英豪，因出生于河北霸州（县），力大无比，故人称他为"大力神霸州李"。由于他自幼体弱多病，父母图个吉利，把他许愿给庙上。故从4岁起，他就"蓄发修行"了。可佛门中藏龙卧虎、奇才异人备出，给他练功习武、造就成才，创造了良好的环境。在从师修炼中，他既练就了佛门慈悲善良的品德，又练得高尚的武德修养和一身过硬的本领，且得到了隐居民间的义和团高人王绛云亲授武功绝技，成为功力门的佼佼者。据传"功力门"，始于大宋年代，乃武术中的一门真功夫，不是门派。武林中有"无功不力"之说，讲究"内练一口气，外练筋骨皮"。且涉及面极广，不论练拳习械，都离不开功力。茂春先生深得其精髓。

值得一提的是茂春先生在佛门中学得的太极十三剑，一共八路。这几路动作刚柔相济、姿势舒展自然、风格独特的太极剑，是在一般剑术“八法”——刺、撩、斩、崩、劈、钩、提、抹的基础上，去除劈、钩，而插入了剁、扎、豁、掠、钻、扑、云等，共十三个动作而成，且包括上、中、下三盘。其特点是：内容丰富、结构细密、紧凑，手、眼、身法、步，配合恰当，起伏转折，环环紧扣，特别是“缩、小、绵、软、巧”，表现得更为突出。他又在此基础上深入体悟，进而有所发展和完善。

后因老主持圆寂，寺内矛盾重重。这时，他已过而立之年，适母病危。弥留时，切望儿子还俗成家。于是茂春先生因而还俗，随父农耕，但未急于成家。

茂春先生不甘蛰伏乡里，于1911年来京师闯荡，在天桥以鬻艺为生。数年来，他伸张正义，以武会友，相互借鉴，且互授绝技，使其德艺更臻化境。因而名噪京师。后为清廷所看中，招令他到神机营当差。因他不甘助纣为虐，连夜逃回天津，隐匿授徒。旋即离津南下，寻师访友，遍及大江南北。在六朝古都金陵（南京）落迹，因不惧豪门，救助弱女，而大闹夫子庙。嗣后，就闯荡到了十里洋场的上海滩。因连挫数青年棍棒之术，又得有“铁胳膊、大力神霸州李”的雅号。因他善待中外武友，又择徒授艺，且惜老怜贫，收养遗孤，为沪上武术界一时传为佳话。其间受美国武友、大力士毕洛诚挚邀请，到美国传拳献艺。因而茂春先生率领弟子马金林、赵佩起、赵福泰来到了檀香山、纽约和华盛顿，受到美国武术爱好者的狂热欢迎。随后又应邀到加拿大及欧洲、南美、亚洲等24个国家计40个城市弘扬中华武术，成为我国早期武术走向世界的主要开拓者之一。

回国后，听说大连、营口一带，有位赫赫有名的“铁胳膊”“鹰爪拳”的能人，但多少有点霸道。茂春先生因此来到大连，按规矩在能人边的娱乐场，安了“座子”，就是不去拜访这位能人。三天后，能人带着徒弟们来会了。经过茂春先生与他反复切磋、较量，他终于心悦诚服，奉先生为上宾。因而先生推心置腹地与他谈武德、去霸气，相互释然。还团结整个大连武林朋友成立了“南山武术研究会”，拒任会长，因“鸦不占雀巢”。先生旋即去营口，为一镖局押送财物，竟走险镖，从营口到满洲里。先生制服并教育了沿途设卡的胡子们。因先生德艺双馨，名扬关外。

此时，茂春先生已过不惑之年，仍孑然一身。于是回天津成亲，总算是落叶归根，有了长女文贞。

慈父变严师

茂春先生中年得女，十分高兴。初取名为亚男，视为掌上明珠。因她长得俊俏，如花似玉，一对大眼睛神得会说话，又聪慧活泼，先生十分疼爱这个宝贝女儿。还隔三差五地带她去上馆子，改善生活。她都10岁了，还搂在怀里为她念民谣逗乐。

据李大姐回忆：她4岁起，就开始习武。见师兄们在院里练，她就透过窗玻璃在炕上也比比划划的。稚嫩的动作，常常逗得父母亲笑得前仰后合。可她6岁时，“用父亲的话说，‘小马驹该上套了’”。她开始了正式习武，成为茂春先生的正式女儿徒弟。“慈父也就变成了严师”。

在学练时，先生偏叫她在石板或洋灰地上练；数九寒天，在场地泼水冻冰，让她到冰上练；平时场地也常泼水，在湿漉漉的地上练。可学拳练械，最怕的是脚下滑溜。因她练滚、翻、摔、跌，一点不含糊，常跌碰得身上青一块、紫一块，甚至胳膊肘都练破皮了也不让停歇。他要求女儿徒弟十分苛刻："整个动作要一丝不苟，一招一式，不得走样！一环扣一环，环环紧扣，要是哪儿松了一点劲，就得从头做起。"如练基本功"骑马坐桩式"，蹲得太久，两腿打颤。可一旦跌坐了，就得从头再来，而且蹲得时间就更长了。一个动作要求师兄弟做三遍，她得做十遍。稍有瑕疵，就得挨打，好像先生一点儿也不心疼。她母亲常为此说先生，也不管用！先生总是说"严师出高徒"；或说"若想在人前显贵，就得在人后受罪呀"；或说"台上一分钟，台下十年功"。且常给女儿讲唐代伟大诗人李白幼年"铁杵磨针"的故事。那时她小，还不大懂事，总是跟老天爷作揖，求下雨。有一天真下雨了，她特高兴："这会儿可歇息了！"可先生把她招到屋里继续习练，说什么"拳打卧牛之地"，说什么"一日练一日功，一日不练十日松"的道理。弄得她一点儿脾气都没有。

在先生的言传身教下，小文贞也逐步养成了自觉刻苦练功的好习惯。不论严冬还是酷暑，一年三百六十天，她总是闻鸡起舞，"拳不离手，曲不离口"地习武练功，每天都要苦练十几个小时。先生常勉励她说："不得其门而入，就不得其门而出；不得其真传，就枉费辛苦劳力。"还说："差之毫厘，失之千里。"后来，先生根据他这个女儿徒弟的身体素质、基本功底及其他条件，开展因材施教。较全面地传授给她拳械理论和技能，后又重点教她太极十三剑、飞虎拳、绵掌拳、形意拳、穆英棍及刀、钩等功力门的特技。聪慧的文贞，又有所悟，进而对所学的技艺，尤其对太极十三剑加以改进和发展，使其更上一层楼，令人刮目相看了。

到了晚年她感慨吟诗，勉励弟子："少年学艺苦难言，只因功夫尚未全；老来方知费力取，七分勤奋三分天（赋）。"

宁在江湖上

寒来暑往，文贞的武功步入佳境、进而登堂入室了。为进一步锻炼她，先生常带她下场子卖艺。这在亲友中还有些微词，认为先生是为了“敛钱”。实际先生的苦衷，是让她“经风雨、见世面，磨练、磨练”。以适应那万恶的旧社会求生的需要，但不让她“出风头、攀高枝”，要“自爱自重，自食其力”。

李大姐说，“我父亲尽力教育我，保护我，如护珍宝”。有一次，一座电影院落成开幕，请我去剪彩。一些无聊的小报和画刊惯登一些什么“坤伶秘事”“名媛佳话”，这次登出了“李亚男小姐为亚细亚电影院剪彩”的消息和照片，“弄得我父亲又恼又悔”。为了教我潜心习武，拒绝社会上对“武林明星”的吹捧，把我的“亚男”名，改为现在的“文贞”。取“贞干”“贞士”之意。

她说，还有一次，清末武状元武国栋八十大寿，堂会预定京戏、梆子、什样杂耍。老寿星还执意要请几位武林高手表演拳、剑，且点名邀请“大力神霸州李”。可我父亲不肯去为这位遗老祝什么寿。可武家又托我父亲的好友来邀，无奈之下，只得派我去打了一套绵掌拳。虽得到高规格的礼遇，吃洋餐，夫人、小姐相陪。后又请我去教他们家小姐学拳，让我父亲断然拒绝了。老人家说：“我们武林人家的孩子，还是在江湖上摔摔打打为好。侯门官府不是我们待的地方。”

苦挣到解放

1937 年，日寇入侵我国，天津沦陷。国人遭难，举步维艰。

茂春先生谋生亦不易。加之平日仗义疏财，少有积蓄。越二年，先生偶感风寒，沉疴不起，又误服汤药。在临终前，扯着16岁大女儿文贞的手说："俺放心不下，你娘体弱多病，你弟弟、妹妹又小，俺又没有给你们留下什么钱财，对不住你们！我真是难以瞑目啊！"

"爹！您放心，我会竭尽全力的！赡养好我娘，照顾好弟弟、妹妹，一定要好好地把他们抚养成为有出息的人！"

父丧刚过"七七四十九天"，文贞在天津就扯了四匹白布缝制、又修好了几张旧凳子，搭起了场子，开始卖艺谋生。由于亲朋故旧、邻里乡亲的关怀照顾，收入还算不错。可祸不单行，不到百日，天津发了洪水，街道漫水，一片泽国。文贞迫不得已，举家逃荒，落脚北京。为养家糊口，在天桥又支起了场子，撂摊卖艺。可天桥是个藏龙卧虎的地方，也是个藏污纳垢的场所，一个十几岁的姑娘在那儿站住脚可不易！好在她有高超的武功，父亲的朋友遍国中，又有众多的好心人相助，倒也相安无事。不少围坐凳前的老人，也有父亲的朋友们，临散场时悄悄地把重赏的钱放在地下。因而日子也过得不错。

可故土难离，听说天津洪水退去，文贞就奔回去探望。可在火车上遇上了同坐席的大烟鬼。他们嘀嘀咕咕的，是一伙大烟贩子。本应相安无事，可坐在她身旁的大烟鬼不老实，故意往她身边挤！文贞警告："大烟熏黑了心，也熏黑了眼么？挤个嘛！"一言不合，烟鬼动手了，文贞也不含糊，一起脚，就把他踢出了座位。无想到惹怒了这一帮烟贩子，围了上来，伸手就要打。为了自卫，她拔出随身携带的单刀。这时，乘警出来了，说要把大家统统带走见局长去。文贞说："那好呀！我正要给局长说个明白！"他们做贼心虚，开始向乘警求饶，也许乘警得到他们什么好处，反而劝起文贞来了：“你一个小姑娘，打了那么多人，还不解气？呵，算了吧！”此事后来闹得满城风雨，讹传为“一小姑娘打了一车人”。

不久，文贞回到天津，为了一家6口的生计，就开始在天津南市、三不管、地道外、谦德庄等处卖艺，“我是拳打脚踢的，苦挣苦斗了将近十年，盼到了解放”。

这也不是一帆风顺的。她说，在南市撂地摊，国民党反动派的宪兵带来一帮人找麻烦，说她妨碍交通。她说，“我可挪开，但别人也不能用这块地”。这帮混混瞧她不太屈从，就涌上前来，破口大骂，挥拳要打。她用棍一挡，理直气壮地吼着：“你们还算男人吗？欺我一个弱女子，算哪一门子英雄！想打架吗？明天此时此地，我在此等候众位！”

第二天，这伙混混儿真来了！有持枪的，也有拿刀的，凶神恶煞的样子。文贞也豁出去了，心想“今天不是鱼死就是网破”。正要迎敌交锋时，她父亲的朋友、老观众们义然出面，制止了这场惨剧的发生。她也保住了这块场地。

李大姐现在还颇有感慨。她说“娘，我养老送终，没有受什么大苦；妹妹长大成人后成家立业了；两个弟弟也不错，一个参加抗美援朝；一个进工厂工作。也给父亲买了一块坟地，体面地安葬了。完全实现了父亲的遗训”。

“后辈楷模”

20世纪50年代初期，她积极地参加义演，为抗美援朝捐献飞机、大炮。后她被选拔到国家武术队，解散后回天津市当了武术教练兼运动员。她在自己刻苦练习的同时，对队员们严格要求，俨如其父。要求“光线、意线、视线‘三线合一’”；要求“速度、力度、密度、角度‘四度为一’”。勉励队员“不可有傲气，但不能无傲骨，要做个顶天立地的人”。她讲“道”，道就是武术的真谛、武术的灵气，也就是武魂。她说：“真人得道，知其玄妙；圣人得道，悟其奥妙；贤人得道，遵循仿造；庸人得道，哈哈一笑”；“咱们虽不是真人、圣人，争取做个贤人总可以吧？千万别做庸人”！孔子说“敏而好学”，“我们虽笨些，只要好学，总会出成绩的”。她的人生格言是：“活到老，学（练）到老；学（练）到八十不算巧；躺到棺材里，还有三分未学（练）好！”

李大姐对队员、对学生和弟子具有高度的责任感和使命感，决心要为国家培养出武术精英。原中共中央总书记胡耀邦的贴身警卫王增来就是她的高足。这是从全军武警部队挑选的 10 人中，唯一被选中的。原公安部长王芳给他亲授（尚方）宝剑。

20 世纪 80 年代中，《中华武术》编辑部接到天津一纱厂女工班长来信，说“小姐妹们下夜班走到‘三不管’的地方，害怕遇到坏人！咋办”？咱叫她们去市体委找李文贞老师，学几招“女子防身术”。约两月后，她来信报喜了：“李老师真好！教了我们防身术！有一天，我下夜班走到‘三不管’时，还真遇到两个坏蛋！我一个‘双峰贯耳’，撂倒一个；然后一个‘侧踹腿’，踢倒另一个！两坏蛋爬起来：‘乖乖！咱遇到了武林高手！’撒腿就跑了！”

令人动容的是：她在 20 世纪 70 年代不幸患了子宫癌，经常出血，连走路都困难，可她兢兢业业，克服难忍的痛苦，按时给小队员上训练课，感动得孩子们都哭了！她以惊人的毅力，奇迹般地战胜了病魔！虽然她在工资和住房问题上，受到了极不公正的待遇，但她都能大度地淡然处之。她之所以能健康长寿，想与此不无关系。

在采访临结束时，我问李大姐还有什么愿景。她说："有呀！我的身体蛮好，脑子也不糊涂（她随即站起来，一个'朝天登'！吓我一跳！），还想发挥点余热。现在我正张罗着成立武术馆，我要把上辈老人传给我的这点武功传给中外武术爱好者。这也是完成周总理当年对我的殷切希望！为吸取经验，这次武馆要实行股份合作制。"她还说，"为了适应习练者的不同需求，采取长短班结合，综合与单行并招，老少兼顾，因材施教。武德是前提，安全是保证，兼顾文化学习，严格制度管理，以副养武、开展综合经营。目的是继承和弘扬我国优秀传统文化武术，培养学员成为防身自卫、保家卫国，修身养性、惩恶扬善，强身健体、服务人民，且自娱娱人的有用人才"。

她笑着问我："武馆叫嘛好？"

我脱口而出："津门青松武术馆！行吗？"

大姐笑了："是不是有点儿倚老卖老？"

我衷心祝愿这位津门一青松健康长寿！心想事成！我来祝贺她喜收高徒时，写了一幅喜幛："弘扬武术，功在千秋；德艺双馨，后辈楷模。"

我想，她应当之无愧！

（原载《中华武术》2008 年第 10 期。原题为《津门一青松——李文贞》。2017 年 1 月，略有改动。）

图书在版编目（CIP）数据

功力剑：太极十三剑和它的历史故事 / 任炳义主编. - 北京：人民体育出版社，2018
ISBN 978-7-5009-5230-5

Ⅰ. ①功… Ⅱ. ①任… Ⅲ. ①剑术（武术）-基本知识-中国 Ⅳ. ①852.24

中国版本图书馆 CIP 数据核字（2017）第 217796 号

*
人民体育出版社出版发行
三河兴达印务有限公司印刷
新　华　书　店　经　销
*
880×1230　32 开本　　5.75 印张　130 千字
2018 年 1 月第 1 版　　2018 年 1 月第 1 次印刷
印数：1—5,000 册
*
ISBN 978-7-5009-5230-5
定价：25.00 元

社址：北京市东城区体育馆路 8 号（天坛公园东门）
电话：67151482（发行部）　　邮编：100061
传真：67151483　　邮购：67118491
网址：www.sportspublish.cn
（购买本社图书，如遇有缺损页可与邮购部联系）